MEMOIRES

POUR SERVIR 'A

L'HISTOIRE

DE NOTRE TEMS,

PAR-RAPPORT AUX

DISSENTIONS PRE'SENTES

ENTRE

LA GRANDE BRETAGNE

ET LA RE'PUBLIQUE DES

PROVINCES-UNIES

AU SUJET DES

DE'PRE'DATIONS ANGLOISES SUR MER.

VOL. III.

A FRANCFORT ET LEIPZIG,
AUX DEPENS DE LA COMPAGNIE.
MDCCLX.

MEMOIRES
POUR SERVIR 'A
L'HISTOIRE
DE NOTRE TEMS,

PAR-RAPPORT AUX DISSENTIONS PRE-
SENTES ENTRE LA GR. BRET. ET
LA REP. DES PROVINCES
UNIES.

(I.)

LA VOIX D'UN CITOYEN
D'AMSTERDAM,
QUI SE PLAINT.
OU
REMARQUES SUR LA HARAN-
GUE FAITE PAR LES DE'PUTE'S
DES MARCHANDS 'A S. A. R.
MADAME LA PRINCESSE
GOUVERNANTE.

*En forme d'une Lettre d'un Bourgeois d'Amster-
dam à un de ses amis.*

MONSIEUR,

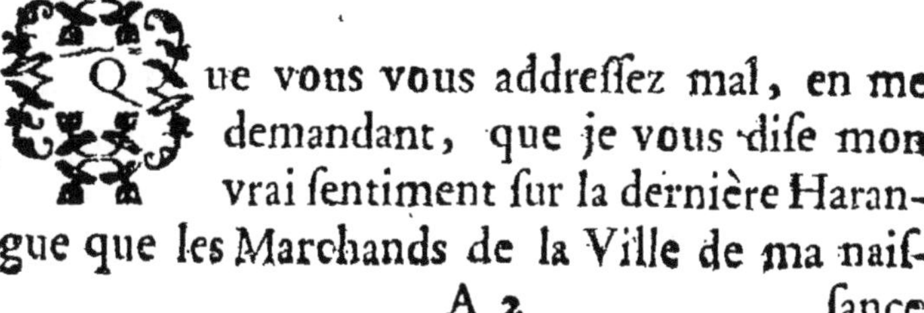

Que vous vous addressez mal, en me
demandant, que je vous dise mon
vrai sentiment sur la dernière Harangue que les Marchands de la Ville de ma naiſ-

A 2

ſance

fance & d'autres Villes commerçantes, ont tenu à S. A. R. Mad. la Princeffe Gouvernante! que vous vous addreffez mal, dis-je, par rapport à cela, à moi, qui fuis Bourgeois d'Amfterdam & par conféquent un de ceux qui ont fouffert le plus de dommage, & qui en fouffrent encore tous les jours par les mauvais traitemens des Anglois, diametralement oppofés aux Alliançes & particulièrement au Traité de 1674. Vous me dites, qu'on n'eft nullement content de cette harangue *tot nocent* conçue en des termes trop piquants, qu'on auroit dû ménager, fur tout, puifqu'on fait, que S. A. R. n'a point épargné ni n'épargne à-préfent les follicitations & les peines, pour obtenir de la Cour d'Angleterre fatisfaction pour le paffé & fûreté pour l'avenir. Vous auriez fort-bien fait, de me marquer en même tems fur quoi fe fonde ce que vous dites, & comment vous le voulez prouver. Eft-ce que mes Concitoyens feroient eftimés coupables, pour avoir dit: qu'ils rependoient *leurs foupirs & juftes plaintes* pour la quatrième fois? Le feroient-ils pour avoir infinué à la Princeffe, que malgré fa promeffe & les follicitations faites auprès du Miniftère Anglois, les chofes vont de mal en pis? Pourroient-ils avoir manqué en démontrant les vraies vûes des affeurances du Miniftère d'Angleterre? auroient-ils trop dit en parlant des triftes & cruelles fuites des injuftes & exorbitans pil-

lages

lages des Bretons? Ce dernier n'eſt pas poſſible ; car celui qui ne prendra point le parti, je ne dis pas des Provinces Unies, mais même des Anglois, qui eſt raiſonnable & impartial, avouera avec moi, qu'il n'y eſt pas encore dit tout ce qu'on auroit dû dire. En peut-il réſulter autre choſe que le renverſement entier de notre chère Patrie, & la perte de la liberté qui a été achetée ſi chère ? Une perte de 40. Millions, & qui augmente tous les jours la cauſera infailliblement, d'où eſt-ce que le pays prendra ſes revenus, & comment l'artiſan gagnera-t-il ſa vie, ſi le Marchand eſt ruiné ? Que deviendront les Fabriques, dont dépendent mille & mille perſonnes & gagnent leur pain ? N'en voit-on pas déjà les triſtes effets ? Quelques centaines de familles, ſont devenus à charge au public, parceque leurs Chefs retenus eux-mêmes ou leurs biens en Angleterre depuis tant de Mois, ſont hors d'Etat de les entretenir.

Des perſonnes plus au fait que moi, vous donneroient & à tout le monde des liſtes entières d'Artiſans, de leurs femmes & enfans, qui ont gagné honnêttement leur vie auparavant, ſont à la charge des Diaconies, qui étoient déja ſurchargées de pauvres ; pour couper court, la miſère augmente de jour en jour dans le Public, elle deviendra extrême, & qui eſt en état de prêter la main au rétabliſſement de ces miſérables ? Perſonne, répondrez-vous, ſi ce

A 3

n'eſt

n'eft les Sages Régens de notre Patrie.   Eh bien
Monfieur, fouffrez donc aufli qu'on les en prie,
& qu'on répande fes plaintes devant eux, les
Pères de la Patrie.   C'eft pour ce fujet qu'on
eft allé implorer l'affiftance & la protection
de S. A. R. & cela par de bonnes raifons,
Qu'elle cette Princeffe ayant declaré autrefois:
*n'avoir rien tant cœur que le Bien de la
Patrie, puisqu'en dépendoit le fien propre, celui de fes deux Enfans & de toutte fon Illuftre
Maifon.*   D'ailleurs à qui & de quelle autre
manière mes Concitoyens devroient-ils faire
connoître leur affliction? Vous ne pourrez pas
être faché qu'ils infiftent à demander du Souverain, l'équipement de Vaiffeaux de Guerre pour
affûrer leur Navigation & leur Commerce, le nerf
de l'Etat; je m'apperçois Monfieur; où le foulier
vous bleffe vous & vos Compatriotes ;   fi mes
Concitoyens à demi-ruinés & maltraités d'une
façon énorme avoient demandé auffi , qu'en
même-tems avec l'augmentation des forces par
Mer il fût réfolu d'augmenter les forces de terre, vous n'auriez peut être pas trouvé dans leur .
Harangue des expreffions trop fortes.   Cependant je ne donne pas cela pour une vérité abfo-
lue; & puisque ce n'eft pas proprement le fujet
de nôtre commerce de lettres, je ne m'y arrête
pas, laiffant à d'autres d'augmenter encore le
nombre de ceux, qui ont barbouillé deja tant de
papier fur ce fujet.

Vont-

Vont-ils trop loin mes Compatriotes, en dé-
mandant qu'une Députation confidérable foit
envoyée à la Cour de la Gr. Bret. ? Trouve-t-on
malféant chez vous, que comme Citoyens, &
Citoyens d'un Etat libre, ils propofent, qu'en
même tems avec la Députation en Angleterre,
il en en foit envoyée pareillement en Ruffie,
en Efpagne, en Suède & en Dannemarc, afin
qu'en cas, que les Anglois refufent de nous donner fatisfaction, on foit affûré de l'affiftance des-
dites Cours , pour réprimer le defir de cette
Nation de dominer feule fur l'Océan. Qu'eft-
ce que vous trouvez en cela qui excéde les bornes, Monfieur? S'il vous femble, que les Marchands d'ici veuillent confeiller leurs Souverains,
je fai que ce ne feroit pas la première fois que
des Princes tirent parti des idées de quelques-
uns de leurs Sujets plus petits, telle qu'eft la
plus grande partie de mes Concitoyens; Trouvez - vous étrange de vouloir s'appuyer fur
l'amitié de ces Puiffances ? Ces Princes ne
font-ils pas dans le même cas avec nous par
rapport au Commerce de leurs Sujets ? Leurs
Vaiffeaux ne font-ils pas pillés, pris, confif-
qués & l'Equipage maltraité ? Les uns plus
ou moins peut-être, felon qu'on le juge à
propos.

On ne cherche aucunement d'inciter l'Etat à
entrer dans une guerre contre des Alliés qui ont
la même foi, les Marchands s'expliquent là deffus

A 4

affez

affez clairement, en difant : *Qu'ils étoient bien éloignés, de vouloir embrouiller la République dans une guerre douteuse contre un Puiffant Royaume; non! ils ne fouhaitent que de jouir en feureté de la Neutralité & du bonheur de la paix. Ils n'ignorent pas, que le fort de la guerre eft incertain &c.* Ils ne prétendent que ce qui leur appartient, felon le Droit de Nature & des Gens. Je vous fais vous-même juge de la caufe ; y a-t il dans tous les Traités conclus avec la Nation Angloife le moindre argument pour excufer leur manière d'agir ? Lifez le Traité de Marine & de Commerce 1674. d'un bout à l'autre, & voyez, fi vous y trouvez la moindre chofe, qui pût les autorifer à en agir ainfi avec nos Compatriotes & leurs biens ? Confiderez, Monfieur, que ce traite a été violé par eux dans toutes fes parties. On nous empêche ou l'on veut nous empêcher, un Commerce qui nous y eft permis; on fait plus, on nous veut entierement priver de notre Marine. Lorsque nous faifions le traité fusdit, nous étions en guerre avec la France depuis 1672, qui fut terminée par la paix de Nimegue en 1678. Les Anglois cependant continuoient à faire leur Commerce & leur Navigation avec tous les avantages que le Traité leur accordoit; ils entroient dans les Ports Fran-çois, transportoient & ramenoient tout ce que bon leur fembloit fans aucun obftacle. Les Anglois ne pourront pas montrer un feul exemple

emple ou un cas, qu'un Vaiſſeau de Guerre ou Armateur de cet Etat, les ait troublé dans ce Commerce, encore moins pillé leurs vaiſſeaux, les ait mené dans nos Ports de Mer & les ait confiſqué. Je ſais qu'il y en a beaucoup qui accuſent les Marchands de s'être rendu coupables en transportant des Marchandiſes de contrabande; il y en a même dans la Ville de ma naiſſance, il n'en manquera donc pas parmi vous; mais ces gens mal inſtruits & animés d'un eſprit de partialité, devroient jetter les yeux ſur le contenu d'un Traité où il eſt dit: *Que de pareilles Marchandiſes feroient confiſquées & enlevées: mais qu'on relacheroit les Vaiſſeaux avec le Reſte des Marchandiſes, pour continuer leur voyage ſans obſtacle;* outre cela, ſauroit-on être d'un eſprit aſſez méchant pour ſuppoſer, que toutes les explications confirmées par ſerment, ſoient fauſſes? Que toutes ces perſonnes auroient voulu jurer l'éternelle perdition de leurs ames? je frémis ſeulement d'y penſer! Non Monſieur, cela eſt abſolument impoſſible, & j'en fais la concluſion, qu'on accuſe à tort mes Concitoyens d'avoir excedé les bornes de la bien-ſéance dans la Harangue en queſtion. Si les cœurs ont parlé, ſi un Zele trop grand les a mené un peu trop loin, ils ſont excuſables aſſûrement, parçe qu'ils ont parlé pour le Bien de la Patrie, pour la maiſon du Prince, pour femmes, enfans, mille Compatriotes & pour quantité de Concitoyens dans la

A 5

der-

dernière indigence. Confiderez Monfieur, la difpofition de l'efprit d'un Marchand, qui étoit riche de quelques millions au moins; réfléchiffez dans quel état fe trouve un Fabriquant, qui ayant donné moyen à quantité de perfonnes de gagner leur pain, les voit à préfent qui le cherchent devant les portes, il faut naturellement que cela lui perce le cœur, pour peu qu'il ait d'humanité, & qu'il parle comme ont fait mes Compatriotes. Ce que je vous ai dit eft fondé; je connois des cas femblables. Excufez donc ce peu que l'on auroit peut-être pû dire d'ue autre manière; jugez plus favorablement des perfonnes qui font le nerf & la moëlle de la Patrie, & qui avec moi, ne fouhaitent que de demeurer en repos avec leurs Compatriotes fous leur Figuier, & de jouïr en feureté des fruits du travail de leurs mains.

Vous ferez porté & convaincu je crois, par l'amour de la juftice, & par l'équité qui vous eft naturelle, que vous avez eu une fauffe idée de cette Harangue, & que je ferai à-jamais comme je l'ai toûjours été

MONSIEUR

Amfterdam le **24.**
  Dec. 1758.

Votre fincere Ami.

L'IN-

L'INTENTION FAUSSE ET DE'TESTA-BLE DE L'AUTEUR DU MIROIR CLAIR.

QUoique ce ne foit pas mon fait, que de donner des Ecrits au Public, je m'y vois obligé à préfent pour montrer aux habitans de ces Provinces Unies le poifon caché d'un écrit qu'on vient d'imprimer fous Titre l'apparent de

Miroir clair, pour contempler la Conduite des Marchands de Hollande à l'occafion de la Harangue à S. A. R. Madame la Princeffe Gouvernante, datée du 7. de Dec. 1758.

Je l'ai lu avec un dédain & une averfion ex trê-me : je n'aurois jamais cru, que tout pervers que foit le fiecle il y eût des Républiquains, qui tachent de tromper leurs Compatriotes d'une manière auffi impie ; & puisqu'un tel écrit, fi on ne montroit pas la fauffeté de ce qui y eft avancé, ne laifferoit pas de féduire plufieurs des habitans de nos Villes & Provinces Hollan-doifes, qui ne font pas Commerce hors du pays, & leur feroit croire, que la Harangue faite par les Deputés des Marchands à S. A. R. Madame la Princeffe Gouvernante, le 7. de Dec. 1758. étoit mal - fondée, & que même on fe plaignoit fans raifon de ce que les Anglois prrnoient nos vaiffeaux, je veux démontrer clair comme le Soleil, que l'auteur du *Miroir clair* eft un affronteur ou un ignorant.

S'il

S'il est affronteur, son écrit méritoit d'être brulé publiquement, parceque il tend à donner aux habitans du pays, une fausse induction de l'état présent de la République. Et s'il est ignorant, il feroit mieux d'épargner sa plume, que de la prendre pour montrer sa folie. Je suis porté à croire, qu'il a la première de ces qualités, autrement il ne tâcheroit pas, de faire accroire par tant de paroles doucereuses, & feintes : *qu'il diroit les choses sans partialité, remarquant le Pour & le Contre &c.* la suite au contraire fait voir, qu'il réprésente les choses toutes autres qu'elles ne sont, il va avec prévoyance, en disant, qu'il ne fera pas d'amples Remarques sur la Harangue des marchands, ni sur le deuxième Mémoire, touchant le Commerce & la Navigation libre des habitans de la République, aux Indes Occidentales ; ni qu'il ne repondra a la Réfutation de l'Antidotal Mémoire, parceque ces trois Pièces sont des objets où son esprit malin ne s'est pas assez préparé. Je commencerai donc à effacer l'éclat de ce Miroir clair.

Le délai du Redressement de notre Navigation dit-il, procéde uniquement de ce que quelques Personnes de la Régence n'ont pas voulu consentir à l'augmentation de la milice de ce pays par terre, insistant sur l'augmentation des forces par mer, quoiquil semble reconnoître pour justes en quelque manière les plaintes

des

des Marchands. Il n'eſt pas néceſſaire de réfuter cela. On y reconnoit auſſitôt quels ſont ſes
ſentimens & de quel bois il ſe chauffe.

De plus il remarque, qu'aſſûrement les Biens
de la Hollande, Seelande & Friſe dépendoient du
Commerce; mais il ſemble douter, ſi on pouvoit bien penſer cela des autres Provinces.
Quelle pitoyable & pauvre Remarque! Quand
on comprend premieremenr l'importance de la
partie des charges que portent ces trois Provinces. Deuxiemement ce que deviendroient les
autres Provinces s'i celles - ci étoient ruinées, &
enfin, qu'aucune de toutes ces Provinces ne pourroit ſubſiſter ſans le Commerce avec les autres
pays, parce que nous n'avons pas dans le nôtre
ce qu'il eſt néceſſaire , pour pouvoir nous paſſer des produits des autres.

Il paſſe outre , & reconnoît que les habitans du pays ont raiſon de ſe plaindre des inſultes
que les Anglois font à leurs vaiſſeaux, &
de demander une augmentation des forces par
mer, pour réprimer ces inſultes , mais il demande auſſi: ſi le Commerce des Marchands
eſt auſſi légitime qu'ils veulent le perſuader,
dans le fait de la Navigation? Toujours con-
tradiЄtoire! Car s'il doute de la juſtice des plaintes, comment peut - il accorder le ſecours demandé? Il va plus loin, il veut juſtifier la conduite des Anglois , en faiſant connoître qu'il
falloit du tems pour éxaminer, ſi les Vaiſſeaux
pris

pris font fujets à condamnation, ou non.   J'ai honte qu'il fe trouve des Hollandois qui ofent é-crire de telles folies. Les Traités entre l'Angleterre & cet Etat font connus; ils ne font pas obfcurs, & s'il y avoit quelque obfcurité, on auroit bien pu s'entendre là-deffus durant les tems qu'on continue de prendre nos Vaiffeaux ;   Les Marchands réconnoiffent bien, qu'il faut du tems, pour éxaminer les chofes; mais le tems deman-dé eft expiré déjà-il y a long tems, & après cet éxamen, on devroit relacher les vaiffeaux ou les condamner, s'ils fe trouvoient dans le cas de lêtre.

Il vient à préfent une chofe, qu'il ne veut point entendre : il appelle défefperé le confeil que les Marchands ont propofé refpectueufe-ment à S. A. R. d'envoyer une Députation en Angleterre & en même-tems des Commiffions aux autres Cours, pour nous affûrer de bonnes alliances, en cas que l'Angleterre ne donnât pas une réponfe fuffifante à nos juftes plaintes, il l'appelle dis-je, défefperé, ajoutant, que cela engageroit fans doute la République dans une guerre avec l'Angleterre, parceque les Anglois regarderoient cela comme une déclaration de guerre, outre que nous ne fommes pas certains, fi ces Puiffances voudront fe brouiller avec l'Angleterre pour l'amour de Nous, je répons à cela, que, fi l'Angleterre regardoit comme une déclaration de guerre, que nous pourvoy-ons à notre feureté, en cherchant affiftance ail-

leurs

leurs, apres leur avoir offert la paix, qu'ils ne veulent pas accorder, alors dis-je, nous sommes des Sujets de l'Angleterre, & non plus une République libre. Pour ce qui est de ce que les autres Puissances ne voudroient pas se mêler, nous pouvons attendre le contraire, non pas pour l'amour de nous, mais pour leur propre intèret, parceque les Anglois ont insulté non seulement au pavillon de la République, mais à celui de plusieurs autres Puissances, ayant pris aussi plusieurs Vaisseaux Espagnols, Danois, Suédois & d'autres Nations, qui se trouvent pour cette raison dans le même cas que nous, quoiqu'ils ne fassent pas tant d'éclat que nous autres Hollandois, de qui la Navigation est fort étendue. C'est donc sans raison, que l'Auteur du *Miroir clair* (ainsi dit) veut exclure les autres Nations; Un chacun qui prend plaisir à lire la Gazette voit tous les jours le contraire; & il est superflu de vouloir encore le prouver.

Il vient à la navigation libre aux Indes Occidentales de France, mais il se contente de dire: qu'on ne se doit pas mêler de ce differend. Belle défense, & louable assûrement, quand on ne sait que dire pour sa cause! toute Personne qui ne manque pas de jugement, ne doutera pas que cette navigation ne soit permise par les Traités. Mais cela étant clairement prouvé par plusieurs écrits, il est superflu que je m'y arrête. Je rémarque seulement, qu'on se trompe fort en

croy-

croyant que la France ait accordé cette navigation uniquement à nous autrès Hollandois, parceque d'autres Puissances neutres ont la même liberté dont elles ont usé, comme personne n'ignore qui demeure dans les Villes commerçantes. J'avoue bien, que cela est un moyen de mettre la France en état de soûtenir plus long-tems la guerre contre l'Angleterre, mais il n'est pas question de cela; L'Angleterre a joüi de cette même liberté de Navigation dans les Indes Occidentales, lorsque nous étions en guerre avec la France, & cela est permis dans les Traités, pourquoi donc ne joüirions-nous pas aussi à notre tour de cet avantage? Si l'Angleterre avoit fait connoître à nos Souverains, le dommage qui en resulteroit pour elle, & que par rapport aux nouvelles liaisons entre cette Cour & la famille du Stadhouder, notre légitime Régence nous eût défendu ce Commerce, nous aurions été obligés de nous en abstenir quand même nous nous ferions brouillés peut-être avec la France; mais de prendre nos Vaisseaux sans faire auparavant un pas de cette nature, cela n'est point permis entre les Nations Chrêtiennes.

(II.)

MÉMOIRES
POUR SERVIR 'A
L'HISTOIRE
DE NOTRE TEMS,

PAR-RAPPORT AUX DISSENTIONS PRE-SENTÉS ENTRE LA GR. BRET. ET LA REP. DES PROVINCES UNIES.

(II.)

L'INTENTION FAUSSE ET DÉTESTA-BLE DE L'AUTEUR DU MIROIR CLAIR.

MONSIEUR,

Notre fameux faiſeur de Miroir dé-mande, ſi dans le nombre des Vaiſſeaux que nous ont pris les Anglois pendant cette guerre, il n'y en a pas de bonne & de légitime priſe ? A cela je répons, que ſi, conformément au deſir de cet homme, il ſe trouve dans tous les Empires du monde des gens pervers qui oſent agir con-tre les Loix du Souverain, de tels ſujets n'auront garde de ſe plaindre que les Anglois ayent pris & confiſqué leurs Vaiſſeaux, parce qu'ils ſeroient juſtement punis de nouveau pour avoir violé la

B   loi,

loi, & nous aurions auffi pû, que nos Souverains auroient trouvé des moyens de maintenir
les Traités, fur lesquels les Marchands s'étoient
repofés. On dit que la Cour d'Angleterre a
donné à connoître en plufieurs occafions à no=
tre République, qu'on examineroit bientôt dans
le Parlement, l'affaire touchant la prife de nos
Vaiffeaux, & que là-deffus plus d'un de nos
Vaiffeaux avoit été relâché. Mais je ne fais pas,
comment l'auteur du Miroir clair peut avancer
des chofes dont le moindre apprenti Marchand
lui peut montrer la folie & la perverfité. L'Angleterre promet beaucoup & n'acquite rien; elle
relâche un feul Vaiffeau, uniquement, pour
affouppir notre République: car fi elle ne nous
laiffoit aucune efpérance, nos Marchands aban-
donneroient entièrement la Navigation, & les
Anglois n'auroient plus l'occafion de continuer
de nous piller. Leur manière d'agir illégitime
paroît indubitablement même en relâchant des
Vaiffeaux, qu'ils reconnoiffent d'être pris contre les loix de l'Empire & les Traités qui fub-
fiftent entre leur Couronne & Nous, parcequ'ils
les condamnent à payer les frais qui font éxor-
bitans. Conduite inouïe affurément! C'eft
avec douleur que je me vois obligé de parler
ainfi d'une Nation que j'ai toûjours fort eftimée,
je crois pourtant que la conduite préfente eft
l'ouvrage de quelque perfonne particulière de la
Régence, & qu'elle eft défapprouvée de plufieurs.

Notre

Notre faiſeur de Miroir va plus loin, il ſemble vouloir inſinuer, qu'on ne peut pas donner abſolument le tort à la Cour d'Angleterre en ce qu'elle déclare pour de bonnes priſes nos Vaiſſeaux qui ſont dans leurs Ports. J'entretiens amitié avec pluſieurs Anglois dans cette République, mais je n'en ai pas encore trouvé un ſeul d'entr'eux, qui ne déſaprouvât les priſes de nos Vaiſſeaux, ſurtout ceux qui viennent de nos propres Colonies, & qui ne fuſſent d'avis, que tous devoient être rendus. Ne faut-il donc pas regarder l'auteur de ce Miroir clair comme une créature indigne de hanter les honnêtes gens? Car s'il eſt Hollandois, il eſt ſéducteur de ſes Compatriotes; & ſi c'eſt un Anglois, il ne mérite que le mépris de tous les gens équitables de cette Nation, parce qu'il excite & augmente par ſon Ecrit menteur, l'aigreur qui ſubſiſte préſentement entre les Sujets d'Angleterre & ceux de cette République. Il anime, disje, les deux parties ſans avoir en veûe l'intérêt ni des uns, ni des autres.

Enfin il revient à ſon but, ſur la Navigation dans les Isles Françoiſes des Indes Occidentales, que nous ne devions pas tant nous en prévaloir, parcequ'elle ne nous étoit pas permiſe en tems de paix. Nous avons deja remarqué peu avaut, que nous n'inſiſtons ſi fort ſur ce Commerce, que parce qu'il eſt permis ſuivant les Traités, & que les Anglois nous en ont

donné

donné l'exemple; au moins nous sommes neutres, & en paix avec l'Angleterre comme avec la France; si donc l'Angleterre nous permet d'aller en leurs Colonies avec nos Vaisseaux, nous serons prêts d'y aller aussi bien qu'aux Isles Françoises en Amérique; & s'il plaisoit à nos Souverains de nous défendre ce Commerce, que les Anglois nous rendent nos Vaisseaux & effets qu'ils arrêtent; & nous nous soumettrons aux ordres de notre légitime Régence.

J'ajouterai néanmoins, qu'il est bien dur pour les Marchands de cette République, que l'Angleterre les veuille empêcher, de profiter de la liberté que la France nous donne, sans aucune autre raison, que parce qu'il est contraire à son intérêt; pendant que nous apportons à l'Angleterre tout ce dont elle peut avoir besoin, sans que la France s'en plaigne, ayant respecté durant toute cette guerre le Pavillon de l'Etat; & l'Angleterre au contraire prend non seulement les Vaisseaux venant des Indes Occidentales, mais aussi de nos propres Colonies, & même ceux qui viennent directement de France.

Ce que dit l'Auteur du Miroir clair (ainsi dit) pag. 14. qu'il y avoit des Commerçans qui, par des vûes particulières, auroient peut-être part à quelques-uns des Capres ou Armateurs qui sous le Pavillon Anglois insultent les Vaisseaux de l'Etat; je n'y puis répondre autre chose, que je ne crois pas que nous ayons de tels traîtres

dans

dans notre pays; je les verrois mourir avec satisfaction sur un échafaut public ; mais ce que l'auteur avance n'étant point fondé, il seroit à souhaiter qu'il fût connu, pour l'examiner de près, & le récompenser de la charité avec laquelle il paroît juger de ses Compatriotes, ou du crime dont il se rend coupable par-là. Pour ce qui est de la peur de nos Marchands Hollandois, pour laquelle notre Héros en fait de Miroirs, les accuse d'un Commerce défendu, je suis seur, que nos Souverains ne la prendront pas, & qu'ils voyent clairement que la République succomberoit s'ils ne prenoient à cœur d'asseurer efficacement le Commerce au plûtôt, & ne délibéroient sur les moyens qui peuvent procurer cet avantage.

Je pense donc avoir montré suffisamment, que ce Miroir clair (ainsi dit) peut être nommé à plus juste titre un vilain & faux Miroir magique, qui représente les objects tout autres qu'ils ne sont; & que les personnes, qui, ne sçachant pas ce qui se passe dans les Provinces & des villes commerçantes, auroient pû être séduites à donner dans le panneau & ajoûter foi à ce faux & vénimeux écrit, seront convaincues, que l'auteur n'avance que des absurdités & des mensonges ramassés, pour éblouïr les habitans de Hollande, & qu'il mérite d'être regardé comme une peste publique. Si le juste titre que je lui donne ici lui déplaît, qu'il mette son nom sous son Miroir

B 3

clair,

clair, & on lui fera voir qu'on ne balance pas
de souscrire aussi cet écrit, & d'apporter de bonnes preuves à tout ce que nous avons avancé;
mais comme il n'en fera rien, je ne me sens plus
tenté de réfuter ses fades écrits: Premierement,
parceque ce n'est pas ma coutume (comme je l'ai
dit dès le commencement) d'écrire en public.
Deuxiement, que j'ai des occupations de plus
conséquence. Et troisièmement, que j'espere
que ce petit ouvrage aura l'effet de faire reconnoître les écrivains tel que notre faiseur de
Miroir Anglois, pour tels qu'ils sont. Je finis
donc, en priant d'avoir quelque indulgence
pour le stile, dont la netteté & la pureté n'ait
pas le prix, & de considérer, que j'ai tâché seulement de satisfaire au devoir d'un vrai Hollandois ingenu.

APOLOGIE DE LA CONDUITE DES MARCHANDS, AVANT, PENDANT ET APRE'S LA HARANGUE FAITE 'A SON A. R. LE 7. DEC. 1758.

Addressée à tous les Habitans de la Hollande.

CHERS COMPATRIOTES!

Il y a long tems que je mène une vie solitaire,
sans guères fréquenter les Compagnies, j'ai
donc assez de tems & d'envie pour m'informer
exactement de ce qui se passe dans le monde, &

princi-

principalement dans ma Patrie.　Et comme je ne suis pas plus partisan de l'une que de l'autre partie, qui depuis 12. à 14. ans divisent la République, je ne me suis point-du-tout mêlé d'écrire sur aucune chose en particulier, quelle démangeaison que j'aye eu depuis quelque tems, de combattre pour le Commerce.　J'ai vû avec plaisir, qu'il y a encore d'honnêtes Marchands, qui prennent à cœur le Bien public, & qui parlant pour le Commerce opprimé, cherchent les moyens de prévenir sa ruine totale.

Comme je crois que le bien être ou la chûte de l'Etat, dépend du Commerce, tel que nous l'avons fait jusqu'à ce tems, & que ce Commerce a excité la jalousie de nos amis les Anglois pour le troubler, comme les Marchands l'éprouvent tous les jours, je me suis empressé de savoir quel chemin les Marchands prendroient, pour porter leurs plaintes à la Haute Régence, & quelle réussite ils en retireroient par la suite.

Pour en être instruit, je me suis servi de l'amitié, que j'entretiens depuis long-tems avec Mr. M… Il a bien voulu avoir la bonté de me donner connoissance des choses arrivées dans toutes les Assemblées & les Députations faites à la Haye. Et j'espère, qu'il ne me sçaura pas mauvais gré, que j'en fasse usage à présent, pour le défendre avec tous les autres braves & honnêtes Marchands.

B 4.

Je

Je me vois obligé, chers Compatriottes! de vous ôter la mauvaife & pernicieufe impreffion faite par ce frivole Ecrit intitulé : *Avis néceffaire aux Habitans de la Hollande , avec quelques Remarques fur la conduite des Marchands.* J'ai attendu, que quelqu'un d'entre les Marchands prît la plume pour confondre l'Ecrivain de cet Avis, en le convainquant de mauvaife foi, dans l'expofé de la queftion ; mais voyant que perfonne n'y penfoit, je n'ai pû tenir contre le defir de vanger les Marchands, du blâme qu'on leur a fait fans rime ni raifon.

Si l'Ecrivain de cet *Avis néceffaire* agit en toutes les affaires attachées à fon Emploi & à fon rang, comme en celle-ci, en avançant des chofes, qui n'ont jamais été penfées, encore moins dites, n'eft-il pas un Officier infidelle & indigne de la place & de la fituation où il eft ? Suppofé, que l'affaire en queftion foit telle, il devoit faire pour les Membres de l'Affemblée, des extraits des pièces, dont la trop longue étendre empêche de faire lecture en entier ; que pourroit on attendre de la bonne-foi d'un tel homme en place, au deffus des autres, & à la tête des affaires ? Rien autre chofe que du mal. Car par-là les membres fupérieurs feroient gagnés, & les Réfolutions données fur ces fauffes & perverfes inductions les entraîneroient à décider en conféquence. Ne trouvez donc pas étrange fi, n'étant que d'un état mé-

diocre,

diocre, mais affez au fait de l'affaire, je vous le
propofe à ma manière ; afin que Vous puiffiez
juger, fi les Marchands dans leur Harangue du
7, Décembre, ont infinué à S. A. R. de fe défi-
fter de la propofition faite d'une Augmentation,
& d'en détourner les Provinces qui y avoient
confenti &c. Et de plus, fi la chofe n'eft pas
toute naturelle, que les Commerçans ayent parlé
avec force dans les circonftances préfentes des
tems, pour être protégés.

Pour vous convaincre que les Marchands
n'ont aucunement fait une telle infinuation, je
n'ai qu'à inférer ici la période de leur Harangue
en queftion, & vous verrez, qu'il s'en faut bien,
qu'elle ait eu un pareil motif.

„ Agréez donc, Madame ! d'accorder aux
„ Marchands, & à tous ceux qui gagnent leur
„ vie avec eux, qu'ils foient mis en état, de faire
„ leur Commerce & Navigation en feureté,
„ fous la protection des Vaiffeaux de guerre.
„ V. A. R. étant à la tête des Affaires d'Etat de
„ la République, qu'Elle daigne ne nous pas
„ renvoyer encore à d'autres ! c'eft d'Elle qu'il
„ dépend de nous fecourir, il ne lui coûtera que
„ quelques paroles, pour faire accorder un
„ équipage formidable qui eft fi néceffaire.
„ Ceux qui demandent une Augmentation, ne
„ penferont pas à s'y oppofer, & on peut même
„ affûrer qu'il n'y a perfonne de la Haute Régence
„ qui ne reconnoiffe la néceffité de la protection
„ de la Marine, „

B 5   Qui

Qui des Marchands devroit se mêler de ces affaires? Qui d'entr'eux oseroit décider si l'Augmentation des Trouppes par terre est aussi nécessaire, qu'ils sont persuadés de la nécessité d'un équipage formidable sur Mer? personne n'aura cette audace.

Avec toute la vénération & tout le Respect pour les sages consultations des Etats, les Marchands osent dire : Que pourvû que l'augmentation se fasse pour résister à ceux qui ont insulté depuis si long - tems la République, & pour protéger le Commerce, ils aiment mieux qu'elle soit résolue plutôt aujourd'hui que demain, Munie d'un nombre suffisant de Vaisseaux de guerre, la République pourra se remettre en autorité, & se faire respecter comme elle l'étoit auparavant.

De tels sentimens ressemblent ils à une insinuation? & donnent t'ils la moindre apparence de vouloir induire la Princesse à se désister de l'augmentation proposée? Les Marchands ne reconnoissent - ils pas, qu'il ne leur apartient pas de décider, si l'Augmentation par terre est aussi nécessaire, qu'ils sont certains, que l'est un Equippement formidable? ne disent - ils pas que ce seroit une audace de vouloir s'en mêler? Si c'est donc-là en quoi consiste la dissuasion de l'Augmentation, je ne comprens pas, je l'avoue, quelle étoit la situation d'esprit de ce Mr. en lisant cette Harangue.

On

On trouvera peut-être étrange que des Marchands ayent osé toucher le point de l'Augmentation, en disant qu'ils auroient mieux fait de proposer simplement leur demande, sans se mêler d'Augmentation ni d'affaires qui leur sont indirectes. J'ai été dans la même idée, jusqu'à ce que j'aye appris de Mr. M. la vraye raison de cette période, & depuis ce tems, je juge, sauf le jugement d'autres, qu'elle ne pouvoit être omise. Il étoit nécessaire, que les Marchands parlassent de l'Augmentation, puisqu'il n'y avoit pas espérance qu'on accordât ce qu'ils avoient demandé de bouche il y a longtems, & qu'on n'avoit pas hésité de leur déclarer avant le 7. Dec. qu'on n'équipperoit pas même les 6. Vaisseaux, qui le devoient être aux dépens des Commerçans, sans charger les autres Provinces. Voilà chers Compatriotes! que les six Vaisseaux ne sont pas seulement permis aux Marchands, à leurs dépens.

Mais ne nous éloignons pas du sujet. Pour justifier la conduite des Marchands, je dois vous communiquer une histoire, que j'ai fidélement tirée de toutes les différentes pièces & relations, par le simple recit de laquelle, vous jugerez aisément, si c'est si mal à propos & sans raison, que les Marchands ont parlé de l'Augmentation.

Sachez, préalablement, que les Marchands se sont addressez à plusieurs reprises à la Régence

de

de nos Villes, qu'on leur a toûjours fait l'accueil le plus favorable, les aſſûrant qu'autant qu'il dépendoit de Meſſieurs de la Régence, la protection ne manqueroit pas; mais que comme cette affaire regardoit des Supérieurs, il falloit pareillement s'y addreſſer. Les Marchands ont donc préſenté alors des Requettes à l'Aſſemblée des Etats - Généraux, aux Etats de Hollande, & ont pris la liberté d'aller à Madame la Princeſſe Gouvernante, pour lui expoſer leur accablement dans une Harangue. Ils m'ont proteſté ignorer, d'avoir rien fait au mépris des Etats, de Madame la Princeſſe, ou de la Régence des Villes, en procédant de cette manière. Ils ſe ſont au moins addreſſés à tous les trois; ils ne peuvent pas s'imaginer que leur conduite ait effectivement offenſé perſonne, & que parmi les membres de la Régence, il s'en trouve qui ayent ſi peu d'amour pour la Patrie, de laiſſer couper le Nerf du Bien public, pour un point d'honneur, ou pour n'avoir pas exactement ſuivi dans quelque point, l'uſage & l'ordre de la Régence : Non, chers Compatriotes ! on ne me perſuadera pas cela, je crois que toutes les perſonnes de la Régence ont toutes à cœur l'intérêt du Bien public, & qu'elles coopèrent avec empreſſement à ſa Conſervation.

Son A. R. étant fort étroitement liée à notre Patrie, & ayant grande relation avec le Roi d'Angleterre, je comprend que les Marchands se sont fort bien addressés à Elle. Aussi sont-ils fort touchés, autant que je l'ai pû remarquer, (j'en blâmerois les Marchands, & mon ami en particulier, si je m'appercevois du contraire,) & pénétrés de reconnoissance, de la bonté & du Zéle maternel avec lequel il a plû à Son A. R. d'intercéder Elle - même auprès du Roi d'Angleterre : & bien loin qu'ils imputent à S. A. R. le mauvais succès de l'affaire avec l'Angleterre, j'ai entendu parler plusieurs fois les Marchands de leur desir, d'aller témoigner leur reconnoissance à S. A. R. du Zéle & des efforts qu'Elle avoit fait pour cette cause. Et que si jamais ils a-voient le bonheur en cette occasion, ou dans quelque autre, de paroître devant S. A. R. ils ne manqueroient pas de protester contre toute indu-ction perverse, que Notre Seigneur des Ftats tâche de faire par son écrit. Non, non. J'ose prendre la cause des Marchands. Il est sûr, qu'ils n'ont point eu en pensée d'imputation, & si toutefois ils se trouvoit quelque Reproche dans la Harangue, elle regarde les Anglois qui promettent des montagnes d'or, & ne donnent rien; n'ayant pour but que de nous enlever tout, sans rien rendre. Les Marchands peuvent-ils bien s'empêcher de le leur reprocher ? En bons Patriotes n'y sont - ils pas obligés ? Et ne feroit- il pas à souhaiter qu'enfin nous ouvris-sions les yeux tous tant que nous sommes? Il y en a beaucoup qui voyent & font semblant de ne rien voir.   Je

Je pense avoir suffisamment exposé la défense de la Conduite des Marchands par rapport aux Addresses qu'ils ont faites. Je rapporterai en abregé ce qui s'est passé dans les diverses Députations qu'ils ont faites à la Haye, pour faire voir à mes chers Compatriotes, si la Harangue du 7. de Déc. n'est pas une suite naturelle des choses qui étoient arrivées.

Sachez donc, que la première Députation se fit au commencement du Mois de Juin 1758. Les Marchands Députés y font mention des grandes raisons de plaintes contre les Vaisseaux de guerre & les Armateurs Anglois, & qu'alors déjà ils prévoyoient la ruine totale du Commerce, & la décadence des Ouvriers, Manufactures, Fabriques &c. Son A. R. a entendu ces plaintes, & promis de les appuyer dans les Assemblées des Etats, ajoûtant même d'en vouloir faire Elle même représentation à la Cour d'Angleterre, à condition pourtant: qu'on lui produisît les preuves sur lesquelles se fondent ces plaintes. Les Marchands s'en acquittèrent sur le champ. Ils ont fait des Listes; ramassé les preuves valables & en bonne forme; & envoyé l'un & l'autre à la Haye par une seconde Députation à la fin du mois de Juillet; & depuis ils se font encore annoncés par requête à l'Assemblée des Etats Généraux, & de bouche à S. A. Royale.

Je souhaiterois d'avoir eu le bonheur de voir les Originaux de ces preuves, pour vous donner

quel-

quelque échantillon du mauvais traitement
qui en fait le sujet ;   mais on m'a affûré, que
tout Breton bien intentionné en devroit rougir,
& qu'elles ne pouvoient pas, qu'elles ne fissent
rouler des larmes à tout vrai Hollandois.   C'est
ainsi qu'on en a usé avec nous, & avec nos Biens,
en Angleterre & dans les Colonies Angloises.
Pour les Biens, ils se peuvent recouvrer, mais
de tourmenter les personnes, de les traiter de la
manière la plus ignominieuse & la plus cruelle,
de tels excès ne peuvent pas être réparés par de
l'argent. Mais passons cela, je suis trop sensible,
pour m'arrêter longtems à cette affaire, je marque seulement qu'alors ,   à la fin de Juillet
1758. on nous avoit dejà pris & mené en Angleterre ou dans les Colonies Angloises,

    21 Vaisseaux venant directement de Curacao
ou St. Eustache estimé à florins   3 557 500.

    38. Vaisseaux allant aux Indes Orientales, ou qui
en revenoient, dont la valeur étoit de 5 144 000.

    Il y avoit outre cela une Liste de 100. Vais-
seaux pillés, dont la valeur est de   439 191.

    Cela regarde la seule Ville d'Amsterdam, à quoi
il faut ajoûter encore la valeur de fl. 1 500 000.
de perte de la Ville de Rotterdam ; aussi, S. A. R.
à ce que l'on ma dit, en fut-elle si touchée, qu'
Elle déclara : qu'Elle ne s'étoit pas imaginée que
le dommage causé à l'Etat fut si grand, le qu'Elle
comprenoit bien, que si cela continuoit, il
s'ensuivroit la ruine de notre chère Patrie ; pour

le

le bien de laquelle Elle s'intéreſſoit particulièrement comme la ſienne propre; „ qu'Elle n'en re-
„ connoiſſoit point d'autre que celle - cy, qu'Elle
„ l'avoit accepté & qu'Elle auroit tout le ſoin
„ poſſible, pour faire réparer le paſſé, & de
„ prendre toutes les meſures, *qui conviennent*
„ *pour ſoûtenir l'honneur de la ditte Patrie, & le*
„ *Bien du Commerce*; qu'Elle vouloit être le
„ ſoûtien du Commerce, non pas en vaines pa-
„ roles; mais qu'Elle le prouveroit par les faits.‟
Vous voyez ici le cœur tendre & maternel de
S. A. R. Là-deſſus les affaires ne furent pas
pouſſées avec moins de Zèle de la part de Leurs
N. & Gr. Puiſſ. Meſſieurs les Etats de Hollande ;
L'Amirauté fut appellée, après avoir pris l'avis
des Colléges de Hollande, & il fut propoſé,
qu'outre les Remontrances, qu'on devoit faire
à la Cour d'Angleterre, on devoit equiper 6.
Vaiſſeaux, dont 3. devoient être employés l'Au-
tomne paſſé, & 3. le Printems prochain. Cela
fut changé dans une réſolution de Leurs Nobles &
Gr. Puiſſances, & porté à la Généralité, mais avec
cette iſſue malheureuſe & imprévûe, que les quatre Provinces, de Gueldre, Utrecht, Overyſſel,
Groningue & Ommelanden ſe déclarerent contre, & oppoſerent une augmentation de 1 3000.
hommes, contre l'équipement des 6. Vaiſſeaux
de Guerre, dont la dépenſe même ne chargeroit
les quatre Provinces, parceque les Commerçans
en feroient les fraix,

(III.)

MEMOIRES

POUR SERVIR 'A

L'HISTOIRE

DE NOTRE TEMS,

PAR-RAPPORT AUX DISSENTIONS PRESENTES ENTRE LA GR. BRET. ET LA REP. DES PROVINCES UNIES.

(III)

L'INTENTION FAUSSE ET DETESTABLE DE L'AUTEUR DU MIROIR CLAIR.

MONSIEUR,

Ce malheureux sentiment, que l'Augmentation devoit aller de pair avec l'Equippement subsiste encore aujourd'hui ; & quelle que fût l'espérance des Marchands de voir l'heureuse réussite des promesses de S. A. R. ils en étoient fort éloignés parceque tout le soin & tous les efforts de S. A. R. ne purent porter les Anglois à donner satisfaction à l'Etat, ni faire accorder une suffisante protection à la Navigation.

C   Les

Conditions que les Anglois veulent prefcrire à l'Etat, dans la Harangue du 7. de Décembre.

Ne voyez-vous pas chers Compatriotes ! de ce fimple, & comme je crois, véritable Récit, que ce ne font pas les Marchands qui ont parlé les premiers de l'Augmentation ; mais qu'on leur a infinué aucontraire d'en parler en même tems que de l'Equipage, & de fupplier la Régence de confentir à l'augmentation, pour obtenir auffi l'Equippement, ce qui leur avoit toûjours été réfufé fous ce prétexte : Que vous en femble-t-il ? Ne croyez-vous pas avec moi, que les Marchands gens d'honneur, qui ne fe mélent pas des affaires au deffus d'eux, ont bien fait, de ne pas s'oppofer à cette infinuation, & pourtant de la décliner ? Ils ont bien jugé, que la Régence n'approuveroit pas qu'ils parlaffent pour ou contre l'augmentation, fans être demandés. Mais au contraire ils ont bien fait auffi, lorsqu'on leur demanda : *Que voulez-vous que je faffe, Meffieurs ?* de répondre : qu'il falloit des Vaiffeaux de guerre, pour les protéger ; & quand pour éviter l'objection, qui leur avoit été faite fi fouvent, ils ont dit dans leur quatriéme Harangue du 7. Décembre : *Qu'ils prioient qu'on ne les renvoyât pas encore à d'autres.* Sans doute ils entendent ici les perfonnes de la Régence, qui n'ont pas encore confenti à l'Augmentation. Ils fe confient uniquement en S. A. R. qui leur avoit fait des promeffes réitérées, en les affûrant, de

ſa véritable inclination pour les aider ; ces pro-
meſſes & ces aſſûrances leur faiſoient eſpérer que
S. A. R, ayant la direction des affaires d'Etat de
la République , Elle pourroit diſpoſer les Provinces , qui accrochoient l'Augmentation à
l'Equippement, à ſe déſiſter de joindre ces deux
objets, & les faire conſentir à l'Equippement
en particulier, ſans pourtant perdre de vûe
l'Augmentation, en la remettant à une délibé-
ration prochaine.   J'aurois cru avec les Marchands, que S. A. R, auroit bien éu aſſez
d'aſcendant ſur les autres Provinces, pour les
diſpoſer d'employer au plus-tôt pour le Commerce opprimé , les moyens efficaces de le
protéger.

Il ſemble que la liberté qu'ont pris les
Marchands de propoſer une Députation en
Angleterre, & aux Cours de Ruſſie, d'Eſpagne,
de Suède & de Dannemarc, ſe fonde ſur la même
demande: *Que voulez-vous Meſſieurs que je faſſe?*
Eſt-il bien poſſible que des perſonnes oppri-
mées qui ont devant les yeux leur ruine, ſe
puiſſent taire après une demande auſſi cordiale?
N'eſt-il pas bien naturel que ceux, qui voyent
avec leur ruine, la décadence de la République,
ſongent aux moyens par lesquels ils eſpèrent de
les prévenir? Peut-on les blâmer de la liberté
d'avoir propoſé ces Députations? Ils ne veulent
pas négliger au moins l'Angleterre.   Ils cherchent avant toute choſe de diſpoſer ce Royaume

& fon Miniftère à une compofition à l'amiable.
Mais voyant qu'on nous amufe de ce côté-là,
à notre grand défavantage, & qu'on n'avance
pas un pas, fi ce n'eft à l'occafion des Députés
à la Haye, ou à l'occafion des befoins de l'Amirauté, les Marchands n'ont pas tort, de demander de pareilles Députations pour prévenir les
continuels délais des Anglois.

Je crois que les Marchands ont bien compris,
au moins Mr. N. me l'a dit, qu'ils avoient bien
appréhendé, que de pareilles Députations ne
plairoient pas à la Cour d'Angleterre. Mais que
faire? Cette Cour nous abandonne, ne devons-
nous pas chercher à nous faire d'autres Alliés?
Les Anglois veulent foûtenir, que le Traité de
1674. ne tenoit plus, parceque nous n'avions
pas obfervé les autres Traités. Si cela eft vrai,
tous les Traités entre l'Angleterre & nous font
dans le même cas, & nous ne fommes pas obligés de donner à cette Couronne aucune affiftance ou fecours, quoiqu'il lui arrive; j'ai lu
avec plaifir une Réfutation des fentimens Anglois;
L'Auteur en montre clairement l'abfurdité.

Je veux bien avouër, que je verrois avec
chagrin, qu'on en vint jufqu'à rompre abfolument
avec notre ancien & le plus proche de nos Alliés,
de la même Religion que nous, le père de notre
Gouvernante chérie. Mais la relation n'eft-elle
pas mutuelle? Ne fommes-nous pas auffi-bien
leurs anciens Alliés, qu'ils font les nôtres? Et
notre

notre Religion n'est-elle pas à eux ce que la leur est à nous ? Le Roi n'est-il pas Père de Madame notre Gouvernante, comme Elle est fille de Sa Majesté ? Ne vous est-il pas bien sensible, chers Compatriottes d'être traités de cette façon de vos anciens Alliés ; que le Bien public, *salus populi* chancele à tous momens ? A qui l'imputeroit-on, si notre Haute Régence étoit obligée à une telle Résolution ? à l'Angleterre. Les Anglois pillent nos Vaisseaux, ils prennent Vaisseau & charge, les ménent dans leurs ports, & confisquent tout ce qu'ils craignent d'être opposé à leur desir du gain.

Je ne répéterai pas ici, ce que j'ai dit plus haut du traitement inhumain qu'ont éprouvé les Matelots ; j'ajoute seulement les plaintes des Capitaines & Officiers, sur les artifices & les pratiques impies dont on use en Angleterre, pour faire faire aux gens de fausses déclarations contre le Capitaine , & d'affirmer par serment ces fausses déclarations.

Le sang me glace dans les veines d'entendre de pareilles horreurs. N'est-ce pas enflammer la juste colère de Dieu sur tout le pays ? Si l'on demande, pour quelle raison les Anglois nous traitent ainsi ? les personnes les plus instruites dans l'affaire & les moins intéressées répondent: *Il leur plaît ainsi, mais ils ont tort.* J'en suis convaincu aussi, parceque, ayant pris à tâché d'examiner tout ce qui a rapport à cette matière,

C 4

je

je n'ai pas encore jusqu'ici trouvé, que quelque Marchand ait fait un trafic défendu par le Traité de 1674. On crie, il est vrai, que c'étoit, parceque nos Marchands transportoient de la Contrebande, on peut bien vous le faire accroire, vous qui n'avez pas l'occasion de savoir ce que c'est que la Contrebande ; pour vous mettre au fait de cet article, sans vous en rapporter simplement à ce que dit l'un ou l'autre ; Contrebande, c'est, suivant le III. Article du Traité de Marine, *des Armes, de Artillerie, avec ce qui y appartient, Grenades, Poudre, Mêche, Bales, Epées, Lances, Piques, Hallebardes, Mortiers Petards, Pots à - feu, Salpêtre, Fusils. Casquets, Casques, Harnois, Cuirasses &c. des Soldats, Chevaux & tout l'appareil pour ornement des Chevaux, & toutes fortes de Munition de guerre.*

Toutes les autres choses, à la réserve de celles ci - marquées, font permises d'être transportées. Or je demande, quel est le Vaisseau qui ait eu à bord de femblables effects ? indiquez - le moi ? Les Marchands ne manqueroient pas d'obliger ceux, qui ont jamais dit, qu'ils avoient transporté de pareilles marchandises en France ou dans fes Colonies, depuis la déclaration de Guerre de l'Angleterre à la France, de le prouver, ou au défaut de la preuve, ils les déclareroient pour des Calomniateurs. Ce n'est pas le Caractère d'honnête homme, de divulguer de faux bruits & inventés à plaisir. Mais

Mais suppofé qu'il fût vrai, qu'on eût pris un Vaiffeau chargé *de Poudre, Bales & Mortiers* allant en France, ou aux Colonies Françoifes; que cela fût arrivé à 3. 6. 10. 12. Vaiffeaux; quelle en eft la punition? Lifez- le chers Compatriotes! dans le feptième Article du Traité. Le voici:

,,S'il arrive, qu'outre les effets marqués dans
,, les Paffeports donnés dans les formes & les
,, Liftes ordinaires, des Commiffaires prépofés
,, au Port dont le Vaiffeau eft parti, l'autre parti
,, trouve quelques fortes de Marchandifes, qui
,, ont été défendues, & déclarées pour Contre-
,, bande dans le III. Article de ce Traité, &
,, qu'elles foient deftinées à un Port de mer fous
,, la Domination de l'Ennemi, il ne fera pas
,, permis, foit que le Vaiffeau apartienne aux
,, fujets du Roi, ou aux fujets des Etats, *d'ouvrir*
,, *les Ecoutilles du Vaiffeau, d'ouvrir les Coffres,*
,, *Caiffes, Balles, Tonneaux* ni de les rompre,
,, *ni d'enlever la moindre partie de ces effets,*
,, avant que la charge foit débarquée en préfence
,, des Officiers de l'Amirauté, & il en doit être
,, fait l'inventaire; fans neanmoins en rien
,, vendre, troquer, ni aliéner en aucune façon,
,, qu'il ne foit légalement procédé contre, &
,, que la confifcation en foit faite par une
,, fentence de l'Amirauté; *Toutes les autres*
,, *Marchandifes* au contraire, libres en vertu du
,, Traité, auffi bien que *le Vaiffeau* doivent être

C 5

,, décla-

„ déclarés libres. Mais fi une partie feulement
„ de la charge étoit Contrebande, & que le
„ Chef du Vaiffeau s'offrît de la livrer à celui
„ qui l'arrête, il la doit prendre, fans le con-
„ traindre de faire voile à un Port qui lui feroit
„ commode, & le relâcher fans l'empêcher en
„ aucune façon de pourfuivre fon Voyage. "

Il eft dit ici que les Marchandifes de Contrebande feroient confifquées, & non pas, que les
autres Vaiffeaux pris, faifant même route doivent être déclarés de bonne prife; c'eft cependant ce que font les Anglois.

La Navigation & le Commerce aux Isles
Françoifes étant donc permis à nos Marchands,
fuivant le Droit de Nature & le Traité, qui feul
nous fuffit; il eft naturel, (*) & nul homme équitable, ne le difputera, que la Navigation & le
Commerce dans nos propres Colonies font
permis.

Cependant nos Amis & anciens Alliés nous
empêchent l'un & l'autre. Suivant les Anglois,
les Marchands ne devoient pas naviger ni trafiquer dans les Colonies Françoifes, & en effet
les Anglois les ont-ils empêchés, auffi-bien
que la Navigation de Curaçao, de St. Euftache,
de Suriname & de Berbice. Je demande avec
les Marchands dans leur Harangue du 7. Décembre, que deviendront la Navigation & le
Com-

______

(*) Voyez les Mémoires du Commerce & la Navigation
libres défendus, les Remarques &c.

Commerce? Qu'en fera-t-on? fi l'on parle du Commerce, délai fur délai. Mr. York demanda le 7. Décembre, jour auquel les Marchands avoient audience à la Haye auprès de Madame la Princeffe, une Conférence avec les Députés de L. H. P. & en même tems fon Excellence déclara; de n'avoir pas encore inftruction pour traiter. Trois femaines après, fçavoir le 22. Décembre le même Mr. York demanda une autre Conférence, & donna un Mémoire; déclarant en même tems, de n'avoir pas encore d'ordres touchant le Traité de 1674. & le changement de l'Article 4.; Nous ne devons pas nous flatter, à juger par ce Mémoire, d'être traités, comme il étoit jufte fuivant le contenu du Traité; nous devons avant tout accorder beaucoup, & fans doute, nous ferons traités avec facilité, *grace* & affection, (je ne fçais pas, comment je le dois prendre, pour attraper le fens de Mr. York) & il nous fera permis dans les autres Articles un Commerce innocent.

Voyez, comment nous fommes avec l'Angleterre. N'avions-nous pas raifon de nous attendre à un meilleur traitement fous l'heureux gouvernement de Madame la Princeffe? Nous fuppofons bien avec l'Auteur de l'Avis néceffaire: „ Les fentiments d'amour & d'affection de Son „ A. R. nés de la force du fang, & fans lesquels „ toute vertu n'eft qu'un vain nom; " Mais je crois, que ce feroit faire injure aux fentiments

du

du Roi son Père, de ne les lui pas attribuer ré-
ciproquement ; cependant cela n'a jusqu'ici rien
encore effectué d'avantageux pour nous. Faut-
il donc que tout vienne de notre côté? Devons-
nous renoncer à tout pour faire la Grandeur de
l'Angleterre & notre malheur ? Où en fera donc
l'Auteur de l'Avis néceflaire avec l'Illuftre Maifon
d'Orange dont il reconnoît, avec les Marchands,
que la fortune eft liée le plus étroitement à celle
de tout le pays , & que de fa ruine s'enfuivroit
auffi celle de cette Illuftre Maifon? La tendreffe
d'une mère pour le fruit qu'elle a porté, fe taifant
dans l'occafion paffée, eft d'affermir au moins la
félicité temporelle de fes Enfans ? Et s'il faut
accorder tout à l'Angleterre, & tout faire pour
cette Nation à notre défavantage; que dira donc
l'Ecrivain des fentiments d'humanité & de vertus
que chacun de nous admire avec raifon en Son
A. R.? Ne Lui fommes-nous pas les plus proches ?
N'eft - ce pas nous qui avons droit de prétendre,
à la protection & à l'amour de S. A. R. préférablement aux autres, nous, les habitans de ce
pays, de la Régence duquel S. A. R. eft le Chef?

Je penfe, que toutes ces raifons ont perfuadé
les Marchands, de s'addreffer à S. A. R. dans l'at-
tente, qu'Elle auroit affez d'influence fur la
Haute Régence, pour faire en forte qu'ils fuf-
fent fecourus & protégés, ayant pris fur elle leur
caufe n'y ayant été engagée que par fon amour
pour les peuples, & la bonté de fon Caractère.

J'ai

J'ai dit plus haut, qu'on n'a pas seulement voulu consentir à l'Équippement de six Vaisseaux. Ne vous faites pas illusion en croyant que, si l'on avoit consenti à l'Augmentation en 1755, notre Commerce auroit conservé sa vigueur, & que nous en aurions été quittes, pour la quatrième partie de la perte que nous faisons à présent en Angleterre. (*) Car il faut poser l'une de ces choses: que la République auroit été engagée dans la guerre, si elle avoit augmenté, ou qu'elle auroit conservé, comme jusqu'ici, sa neutralité. Si elle avoit été engagée dans la guerre, on n'a qu'à se rappeler, le triste souvenir des derniers troubles qui ont fait le malheur de tant de braves gens, qui ont augmenté les dettes de la Hollande de 70. Millions, pour être saisi de frayeur, du retour d'un pareil période ; je ne dis rien de la somme considérable du 50me penning. Ou si la République avoit conservé la neutralité, la même chose, que nous voyons à présent, seroit arrivée, que l'Angleterre prend nos Vaisseaux, les déclare de bonne prise, & deplus, nous aurions les fraix de l'Augmentation. Car quand-même nous aurions pris part dans la guerre par complaisance pour les Anglois, ou que nous aurions simplement augmenté, nous n'aurions pas été mieux traité pour cela des Anglois, comme l'ont fort bien démontré les Marchands, dans leur Harangue.

Sup-

(*) Voyez l'Avis nécessaire.

Supposé que l'Angleterre eût déclaré, qu'elle rendroit nos Vaisseaux, pourvû que nous augmentions, & que cela fût arrivé, serions-nous mieux pour cela? non. Nous serions dépendants de ce Royaume; & si demain les Anglois s'avisoient de nous déclarer la guerre, ils prendroient d'autres Vaisseaux, pour nous y forcer; ainsi les *libres Hollandois* seroient non pas vaincus, mais subjugés en dormant. Et il ne manqueroit plus rien, qu'un deuxième Leicester, qui viendroit régner sur nous, en défaut de la famille chérie du Stadhouder, qu'heureusement nous voyons à la tête de notre Gouvernement.

Je n'ai que faire de montrer la différence entre ce tems malheureux (Dieu nous en garde) & celui où nous vivons encore; mais je comprends, qu'il seroit d'autant plus malheureux, que celui-ci, où nous vivons, est différent de celui que nous pouvions avoir. Je puis dire que le malheur de ce tems me touche au point, que le chagrin que j'en ai, ruine ma santé. Et quand je considére le bonheur dont la République jouiroit actuellement, si les Anglois nous faisoient justice, ou, si les Marchands avoient profité des circonstances sous protection suffisante, je perds l'espérance de jamais voir la République dans l'occasion de se rétablir de son état de dépérissement, toutes favorables que soient les circonstances.

Je

Je ne vois pas non plus que les Marchands ayent le moyen, de conferver ce que nous avons encore, parcequ'on ne donne pas des Vaiffeaux de guerre. Ils en ont montré fi clairement la néceffité, & les Vaiffeaux avec les biens ravis, en Angleterre en font des preuves fi convainquantes, contre ceux qui douteroient de la néceffité, qu'il n'en faut point d'autres. Mais il a femblé à l'Auteur de *l'Avis néceffaire*, que les Marchands s'arrogeoient, *de comprendre eux feuls, de quel poids le Commerce eft pour notre Pays*. J'avoue avec l'Ecrivain, que fi c'a été l'intention des Marchands, ils ont fait tort à bien de braves Régens & autres perfonnes des Villes de Hollande, de Zutphen & de Frife : il eft certain qu'il y a bien des Seigneurs & des bourgeois, qui font du même fentiment que les Marchands; mais quand on vient à la Haye, ou dans d'autres Provinces, on a toute la peine du monde de perfuader la néceffité de la confervation du Commerce & de la Navigation. L'expérience nous apprend tous les jours, combien peu on fe foucie de la Confervation & Protection du Commerce & de la Navigation. Je ne dirai rien des fauffetés & des calomnies qu'on a répandu, pour rendre fufpects, s'il étoit poffible, les Marchands qu'on a taxé de faire un Commerce défendu; & qu'ainfi ils étoient eux-mêmes la caufe du défaftre qui leur eft furvenu, fans qu'ils fe le foient attiré. Ce font des ames

lâches,

lâches, qui fe fervent de tels moyens pour juſtifier leurs pernicieux fentimens.

Il me reſte à dire un mot à l'Auteur de *l'Avis
néceſſaire*, au fujet de la fincérité avec laquelle
il a plu à S. A. R. de montrer aux Marchands la
lettre du Roi d'Angleterre; cette fincérité, fans
doute, les oblige à des remercimens infinis.
Mais qu'il me foit permis de dire: que je ne
trouve pas grande Confolation pour la feureté
du Commerce dans cette lettre, telle que la
donnent les Marchands.

(IV.)

MEMOIRES
POUR SERVIR 'A
L'HISTOIRE
DE NOTRE TEMS,

PAR RAPPORT AUX DISSENTIONS PRE-SENTES ENTRE LA GR. BRET. ET LA REP. DES PROVINCES UNIES.

(IV.)

L'INTENTION FAUSSE ET DE'TESTA-BLE DE L'AUTEUR DU MIROIR CLAIR.

IL me paroît que le contenu de la Lettre du Roi d'Angleterre n'a pû satisfaire non plus la Princeſſe, qui a déclaré être convaincue de la né ceſſité de ſecourir le Commerce. Et comme je ſuis perſuadé, que les Marchands ont rendu l'eſſentiel de leur converſation avec Mr. Larray, je penſe que ce Monſieur n'a pas employé de nouveaux Argumens aſſez forts pour les contenter. Et comment les auroit-il pû contenter? Ils n'étoient pas des enfans. Ils connoiſſoient le ton ordinaire & étoient venus à la Haye pour preſſer les moyens de redreſſement

D &

& de suffisante protection , & s'étoient munis contre ces échapatoires réitérées selon leur capacité & leur adresse , qui je crois bien n'égale pas celle de ce Monsieur, à qui ordinairement ils furent renvoyés ; ils disoient ce qu'ils avoient médité de leur bonne cause; mais ce Mr. revenant toûjours à l'augmentation , il semble, qu'ils l'ont poursuivi de si forts argumens , qu'enfin il a usé du malheureux subterfuge & désesperé *point d'honneur.* Il leur dit donc que c'étoit *un Point d'honneur , de ne pas équipper, sans augmenter.* Qui se feroit attendu à de semblables paroles de Mr. Larray ? Il n'est pas clair, comment *ce Point d'honneur* doit être expliqué. Mais expliquez - le comme vous voudrez, c'est toûjours une déplorable situation pour un Pays, que pour un Point d'honneur de certaines personnes, on néglige une défense d'aussi grande conséquence, que celle de la Navigation & du Commerce de notre chère Patrie. Les Marchands ne peuvent-ils pas se servir des mots que l'Ecrivain de l'Avis nécessaire leur met dans la bouche p. 6. & dire : *Pourquoi ne pas nous donner des Vaisseaux à cause D'UN POINT D'HONNEUR. Pourquoi abandonner à l'arbitre d'un puissant Voisin nos Compatriottes, le Bien de nos Pères & celui que nous avons acquis nous mêmes, pour vivre avec nos femmes & nos enfans? Est - ce là votre fidélité ? sont - ce vos sermens, que vous nous avez prêté ?* Nous passons par-

dessus

deſſus le reſte, & nous réſervons la liberté de nous expliquer plus clairement, ſi jamais nous découvrons, que quelques Marchands déſaprouvent l'uſage que d'autres en ont fait de la converſation avec Mr. Larray: Mais jusqu'ici il n'a rien tranſpiré.

Vous peut-il reſter quelque doute, chers Compatriotes! que les Marchands ayent bien procédé & ſelon l'ordre de la Régence; ſi ce ſont eux qui ont parlé les premiers de l'Augmentation, ou s'il ne leur a pas été mis dans la bouche, d'en parler, & de faire en ſorte, qu'avec l'Equipage de ſix Vaiſſeaux de guerre, on fit en même tems une levée de 13000. hommes? Et ne comprenez-vous pas, que les Marchands ont bien fait de ne ſe mêler de rien, que de leur Cauſe, ſans faire aucune inſinuation à S. A. R. de l'Augmentation? Ne croyez-vous pas avec moi, que l'Angleterre ne ſonge pas d'entrer avec notre Etat en négociation pour rendre aux Marchands les Vaiſſeaux & les Effets qu'ils leur ont enlevés? Et que pour cette raiſon il eſt néceſſaire, d'équipper ſans aucun délai un nombre ſuffiſant de Vaiſſeaux de guerre, pour défendre, s'il eſt poſſible, ce que nous poſſédons encore?

Je finirois ici, ſi je n'aprenois pas de bonne part, qu'outre un Câpre Anglois avec Commiſſion Pruſſienne, qui eſt déjà en mer, pluſieurs Câpres Anglois auront encore de ces Commiſſions de la Cour de Pruſſe.

Je me vois obligé de vous avertir que cela eſt

D 2

de

de grande conséquence pour notre Navigation &
Commerce. Le Roi de Prusse n'a point de Traité
de Commerce & de Marine avec aucune Puissance: C'est pourquoi tous les effets sans excepter
même l'argent monnoyé, qui seront transportés
à des Pays ennemis ou qui en reviennent pour
le compte des sujets de la Puissance avec laquelle
le Roi de Prusse est en guerre, seront confisca-
bles, selon le *Sistême de convenance* d'aujourd'hui.
C'est-à-dire: Quand les Câpres auront pris des
Vaisseaux sur lesquels il se trouve des Effets qui
conviennent à l'ennemi, ils seront confisqués,
tout innocens qu'ils puissent être jugés; l'argent
par exemple, diroit-on, est destiné pour le paye-
ment de Troupes &c.

Que feront donc les Marchands l'Eté prochain
quand le Commerce revivra sur la Mer Baltique?
Ils ne peuvent pas à présent naviger avec seureté
en France, ou retourner à cause de ces Câpres
Prussiens, ainsi dits, parcequ'ils ne doivent pas
prendre les Vaisseaux comme Anglois, mais
comme Prussiens, pour examiner, s'ils ont à
bord des effets pour le compte des François;
ainsi que le transport nous en a été permis jusqu'ici, en vertu du Traité de 1674. Mais l'Eté
prochain, on s'y prendra autrement, aucun
Vaisseaux ne pourra voguer librement dans la
Mer Baltique. Aucune des Puissances, situées
sur la Mer Baltique, n'est en paix avec la Prusse,
que le Dannemarc; c'est pourquoi je crains, que
les Câpres Prussiens n'éxaminent tous vos Vaisseaux

seaux qu'ils pourront attraper, & qu'ils ne les enlevent, sous prétexte, qu'ils avoient à bord des effets pour le compte des habitans de Russie, de Suéde, ou qui pourroient servir à la Russie ou à la Suéde dans les circonstances présentes.

De cette manière vos Vaisseaux seroient arrê-tés, votre Commerce & Navigation bouchés, & les marchandises que vous avez pû jusqu'ici transporter librement de la Mer Baltique & dela Russie sans distinction pour quel compte ils sont, seroient confisquées.

On a voulu persuader, que le Câpre qui est en Mer avec commission Prussienne, avoit ordre de croiser seulement sur les Vaisseaux Suédois; je le croirois, s'il n'y en avoit qu'un seul; mais comme on en veut augmenter le nombre, je ne balance pas de dire: que c'est une nouvelle pra-tique Angloise imaginée pour nous ruiner. Cette Nation nous a déjà coupé un des principaux rameaux du Commerce & de la Navigation dans l'Occident, elle fera aussi l'expérience de ce qu'elle pourra dans l'Orient. Nous sommes ceux qui pâtissent, chers Compatriotes! Opposez-vous à leurs nouvelles inventions, avant qu'ils vous portent de ce côté-là, un coup aussi sen-sible qu'en Occident. Priez Dieu qu'il détourne tous les Conseils d'Achitophle qui seront donnés contre vous, & que le souhait de ceux, qui verroient avec plaisir, l'herbe croître à la Bourse d'Amsterdam, ne soit jamais rempli.

D 3

L'ANTI-

L'ANTIDOTAL ME'MOIRE RE'TORQUE'
OU
LETTRE 'A L'AUTEUR
DE CET ECRIT ANTI-PATRIOTIQUE.

Quel Citoyen ne feroit pénétré de douleur & d'indignation, en voyant paroître un Ecrit pareil à celui que vous venez de publier en faveur des Anglois, qui ont fait & font tant de tort à la République, dont vous étes Citoyen. Perfonne de nous ne fçauroit entendre fans indignation les argumens finguliers que vous voulez établir contre les Hollandois vos Compatriotes oppreffés; & naturellement on fe fent porté à les éxaminer à fond. Cependant c'eft un pénible ouvrage Mr., d'être obligé, de s'arrêter presqu'à chacune des régles de votre élégant Mémoire, pour en faire voir au doigt toutes les abfurdités : *Hoc opus hic labor eft!* Vous auriez bien pû nous épargner un tems précieux Mr. Car ici il y a peu d'auffi bons Patriotes que vous, qui dans une paifible folitude paffent la plus grande partie de leur tems à lire. Les Anglois qui font tant de chicanes, qui trouvent des prétextes fi finguliers & qui ufent de différentes fubtilités, n'avoient affurément que faire de votre aide, pour nous donner encore plus de béfogne. Le tems nous manque, & nous fouhaitons fort ne le point donner à de pareilles réflexions.

Cepen-

Cependant je n'ai pas pû m'empêcher de méditer sur votre Antidotal-Mémoire, ainsi dit, & de me demander plus d'une fois à moi-même: Quel seroit bien le but de l'Auteur? contre quel venin serviroit son Antidote? quelle Reconnoissance lui pourrons-nous avoir? ou bien cet Auteur, ayant fait imprimer un Mémoire de 22. feuilles in fol. qui lui aura sans doute couté bien de la peine à composer, l'a-t'il fait dans la seule vûe, de manifester son habileté & sa finesse à plaider une Cause mauvaise en elle-même, pour se faire un nom:

Discitur innocuas, ut agat facundia causas;
  Protegit hæc sontes, imperitosque premit.

C'est ce que je ne puis pas m'imaginer.

Cependant cet Antidotal Mémoire dont il y a eu grand nombre d'exemplaires & qui s'est débité à la Haye chez le Libraire von Thol, immédiatement après le Mémoire imprimé à Amsterdam chez Tirion, Mémoire approuvé des Anglois comme des Hollandois, ainsi qu'il me semble le mériter; l'Antidotal-Mémoire dis-je, m'étant tombé entre les mains & l'ayant lû, je ne sçaurois m'empêcher de lui appliquer ce que dit Pline le Jeune dans une de ses lettres; (je n'ai pas besoin d'en citer le No. pour en appuyer l'autorité): Souvent on gâte encore plus une mauvaise cause en voulant la défendre qu'on n'auroit fait à se taire. Je ne trouve nommément rien d'essentiel dans cet Antidotal-Mémoi-

re,

re, encore moins, rien qui puisse me persuader de l'injustice de la conduite des Hollandois; je trouve au contraire, que le sens, que les Hollandois donnent aux expressions dans le Traité, est le juste & véritable sens; & que la Régence d'Angleterre même l'a jugé satisfaisant; Car dans la gazette de la Cour de l'Amirauté tenue à Londres le 26. Sept. 1758, où on lit le Mémoire d'Amsterdam traduit en Anglois, l'Avocat du Roi s'est vû obligé d'avouër : qu'il ne pouvoit pas y répondre. Au-lieu dis-je d'y trouver réfuté ce sens, j'y en trouve un troisième qu'on lui veut donner, contraire à la nature du Traité & nullement compatible à son but. Cependant je comprens, qu'il pourroit être préjudiciable à la Cause des Hollandois, vû qu'en Angleterre on n'est que trop dans le préjugé à cet égard; il y en a beaucoup, qui, au-lieu d'éxaminer la chose, n'en jugent que superficiellement. Ce qui m'a fait appréhender, que les Anglois, connoissant la foiblesse de l'explication qu'ils donnent au Traité, & la difficulté de réfuter la nôtre, ne prissent occasion d'appuyer leur fausse idée sur cet Antidotal - Mémoire. C'est pourquoi il m'a semblé qu'il valoit bien la peine, ou que même il étoit nécessaire d'employer quelques heures de tems pour montrer, autant que je le puis, la fausse lueur de cet Antidotal-Mémoire, alors la lumière paroîtra d'elle-même. Pardonnez ma hardiesse Mr. de m'op-

poser

poser à ceux, qui, contre droit & raison me
ravissent & à mes Compatriotes nos biens; &
de n'approuver pas ce procédé inoui. Quand
même mon épée seroit enrouillée & émoussée
autant que celle d'autres Citoyens que je connois, je ne sçaurois pourtant me persuader que
ce fût bien fait, de la prêter à mes ennemis pour
causer de l'inquiétude à mes amis. Chacun a
sa façon de penser.

Victrix causa tibi placuit, sed victa Catoni.

Je trouve à propos de vous marquer ici, la
méthode que je suivrai pour réfuter votre Antidotal - Mémoire, ainsi dit, Monsieur! & vous
avez l'esprit trop pénétrant pour que vous ne
l'ayez pas déja remarqué. Je l'entamerai du côté
où il est foible, & bientôt je le trouverai foible
de tous côtés. En vérité Mr. votre Antidote
est foible & selon moi il ne mérite pas une réfutation sérieuse. Un Mémoire rempli de verbiages inutiles, composé d'une suite de faux raisonnemens, farci de faussetés, que vous voulez
faire passer pour des preuves? mon cher! s'il
pouvoit fasciner pour un tems le peuple impru-
dent, les esprits éclairés n'y seroient pas pris: c'est
cependant ce que vous voudriez rendre possi-
ble, n'est- il pas vrai Monsieur? Mais permettez-moi d'en douter; dans votre propre Cause je
ne veux pas acquiescer à votre jugement.

Verbiages inutiles, faux raisonnemens,
absurdités & faussetés sont quatre choses que je

dois

dois prouver être contenus dans votre Antidotal - Mémoire ce qui ne me sera pas difficile :
je devrois donc naturellement en faire autant d'articles de mon discours ; mais pour plus grande
commodité pour vous & pour moi, je suivrai
le même ordre que vous avez observé dans votre
dit Mémoire.   Mr. encore une fois, pardonnez ma hardiesse ; je vous assûre, que je n'ai
pas mauvaise intention, au contraire, je pense
servir ma Patrie, en apportant mieux que vous,
quelque lumière à cette affaire embrouillée.
Vincit amor patriæ, auri non, laudumve cupido.

Je passe donc à votre deuxième paragraphe,
le premier étant décidé ; je serois injuste, si je
n'approuvois pas, ce que vous y dites des injures, & de leur origine; j'avoue, qu'il est fort
bien dit & fort élégamment, quoiqu'étranger
au sujet dont il s'agit ; mais Mr. vous falloit - il
donc ce nombre de pages in folio, pour dire ce
que proprement vous vouliez dire ? sçavoir :
que pour faire un jugement juste, du cri de
ceux qui se plaignent, il étoit bon d'éxaminer
ce qu'allégue l'autre partie, avant que de pro-
noncer un arrêt.   Voilà donc la seconde preuve
de verbiages inutiles.

Le troisième Paragraphe, est une suite & plus
ou moins une répétition du précédent.   Quiconque l'examinera en sera convaincu, & par
conséquent, encore verbiages inutiles.   Vous
m'excuserez, Mr. *Absit injuria verbis.*

C'est

C'eſt ſans doute pour remplir beaucoup de pages, que vous avez copié le commencement & d'autres endroits du Mémoire imprimé chez Tirion. Vous auriez bien pû vous épargner cette peine, le Mémoire d'Amſterdam étant entre les mains de tout le monde. Mais non, vous voulez qu'on ne l'ait pas ſous les yeux en liſant le vôtre. Que vous êtes fin !

Dans le cinquième Paragraphe, vous faites trois Remarques ſur les paſſages copiés, qui me ſont autant de preuves de ce que je dis.

Car ſi les Anglois citent un Traité, en nous accuſant de faire un Commerce qui ne ſoit pas permis, il ne s'enſuit aucunement, que les Anglois ayent raiſon dans leur conduite à nôtre égard Les Anglois en donnant un ſens contraire au Traité de 1674. déclarent leur inſolence, parceque le dit Traité autoriſe évidemment notre Commerce aux Isles Françoiſes, & prouve aux Anglois mêmes leurs propres paroles, comme l'Auteur du Mémoire d'Amſterdam l'à fort bien démontré. Ce Traité étant un Traité de Marine, la liberté du Commerce & de la Navigation en doit être naturellement l'objet, cela va ſans dire. Vous comprendrez donc Monſieur & conviendrez avec moi, que votre raiſonnement eſt faux, & par conſéquent votre deuxiéme remarque n'eſt d'aucun poids, Car le Mémoire d'Amſterdam ne confond pas les Câpres avec les Vaiſſeaux de guerre dans ce qu'ils ont

eſſeneffentiellement de différent. Car tous Vaiffeaux de guerre, agiffant en Corfaires, doivent être regar-dés come tels. Lifez s'il vous plaît le Mémoire fans prévention vous trouverez aifément, qu'on les di-ftingue bien l'un d'avec l'autre. Pag. 11. & fuiv.

Vous demandez fi tout le mal que nous font les Câpres Anglois, doit être mis fur le compte de la Nation Angloife? Vous êtes le feul qui le nic, je réponds que oui, avec tout le monde raifonnable; car les Souverains doivent répon-dre pour leurs Sujets, en tems de guerre. Ce que vous déployez tout au long ne va pas ici, quoiqu'il puiffe avoir lieu à certains égards dans l'état civil. *Quanto plus liceat, tanto libeat minus.* Si les fujets moleftent leurs Voifins & Alliés, avec lesquels ils font en paix, on l'attribue aux mauvais ordres du Souverain. Les Régens étant cenfés être les moteurs de ces défordres, il faut qu'ils préviennent, ou vangent les info-lences de leurs Câpres, autant qu'ils peuvent.

Reconnoiffez-vous en cela la conduite des Anglois? & me le prouverez-vous, Mr. j'en doute fort; par conféquent c'eft en agir fort im-prudemment que d'aigrir fi mal-à-propos vos Compatriotes, par votre fauffe hypothefe. *Quos ego* . . Mais non. Nous nous accoû-tumons à votre façon de parler & de raifonner. Retenons notre Colère. Ne nous échauffons pas comme vous faites Mr.! En effet vous me paroiffez avoir du fang aux ongles. Si vous re-
lifiez

lifiez avec attention & d'un sens rassis tout ce que
vous avez écrit pag. 4. de votre Antidotal Mémoire, ne vous écrieriez-vous pas : O Zéle insensé ! qui m'a poussé à déclamer de la sorte
contre mes Concitoyens. Il me semble, entendre un bruit sourd, & voir les lévres agitées
les yeux égarés, & le dépit éclatant sur le visage,
d'un chacun.

Ora tument ira nigrescunt sanguine venæ.
Le mécontentement est géneral ; à peine le
devoir de Citoyen peut-il retenir les mains, le
courroux éclate dans les yeux de l'Auteur de
l'Antidotal-Mémoire. Comment ! Que devi-
endrai-je donc, & mon Mémoire !

Heu patior telis vulnera facta meis !
Ma plume doit-elle toûjours rester oisive ? Il
seroit plus à souhaiter Mr. que cet amas de belles paroles, si élegamment arrangées, cet ample
discours dans un Mémoire, fût succinct, solide
en argumens, modéré & conçu avec discerne-
ment, pour servir d'une Réfutation raisonnée.
Je parierois cent contre un, que vous êtes Avocat, & que vous avez lu,

Opera omnia de . . .
Mais je ne vous donnerai pas cette satisfaction !
vous ne manqueriez pas de me jouër un tour,
pour me faire perdre la gageure.

Je passe à votre septième Paragraphe Mr., je
lis deux pages, je cherche des yeux, & ne trouve
rien d'essentiel. Comment donc ! toûjours votre
deu-

deuxième remarque! toûjours la même queſtion:
ſi la Nation Angloiſe eſt reſponſable des injuſti-
ces que commettent ſes Câpres ?   N'avez - vous
donc pas compris ma réponſe Mr. Oui, aſſûrement elle eſt reſponſable.   Pourquoi la plus
fine Politique ne préviendroit - elle pas , ſi ce
n'eſt tous, au moins la plus grande partie des
forfaits ?   Pourquoi ne pas punir les premiers
malfaiteurs? Pourquoi ne pas faire ſatisfaction?
à votre place Mr. je dirois franchement : il eſt
vrai, j'ai fait un Antidotal - Mémoire, le travail
étoit *non propter famam, ſed propter famem.*
En effet on l'apperçoit, & je ne doute nullement,
que vous ne réfutiez pour de l'argent votre propre Mémoire.

Chers Compatriotes! liſez ſeulement l'Antidotal - Mémoire & vous trouverez que l'Auteur
eſt de ces gens, qui cherchent leur Profit par
l'infortune des autres, & qui pourſuivant toûjours leur propre intérêt veulent perſuader qu'ils
n'avoient en vûe que le bien public.

Tout informe & abſurde qu'eſt votre Antidotal - Mémoire Mr., par rapport au raiſonnement,
je trouve inſupportable votre emportement contre les Hollandois.   Vous décriez les Marchands.
(car ce ſont eux proprement qui ſe plaignent &
avec raiſon) comme s'ils diſoient des injures
contre les Anglois; la troupe des Compatriotes,
dites - vous, qui pouſſe des clameurs, qui rem-
plit des livres d'un verbiage indécent , d'injures,

jures, de fauſſetés; (c'eſt à dire en bon françois : Vous êtes Menteurs vous autres Hollandois) cette troupe qui par ſes injures irrite les
Anglois, & qui eſt plus injuſte qu'eux ; les
Marchands qui pour s'enrichir, font le complot
de piller, de ravir le Bien de leurs Concitoyens &
Compagnons de Commerce ; & qui ſont la
principale cauſe du dommage que ſouffrent
leurs Compatriotes; enfin un eſpèce d'hommes
bâtiſſent leur fortune ſur la ruine d'autrui. Vous
les faites paſſer, disje, pour des gens qui offen-
ſent toute une Nation & l'affrontent par des
diſcours odieux & ſans raiſon tels qu'il ne convient qu'à des Calomniateurs. Voila les dénominations que vous donnez à mes Compatriotes ;
que voulez-vous qu'ils en penſent ? Auroient-
ils jamais pû s'imaginer d'être attaqués & maltraités de cette manière par un de leurs Concitoyens ? Ils auront du moins cette réponſe à
faire: on nous connoît; nous ne nous ſoucions
pas de cette langue diffamatoire. Cependant
il me paroît, que l'outrage qu'on nous fait eſt
trop grand pour ne pas le reſſentir.

Nullane perjuri capitis fraudisque nefanda,
    Pœna erit !

Il faut que notre cher & digne Confrère ait
quelque récompenſe, il l'a bien mérité, & perſonne n'en ſera jaloux, j'eſpere même pour ſon
bien, qu'il poura ſe convertir : Je m'y prendrai
pourtant de ſorte, qu'il n'ait pas raiſon de ſe
plain-

plaindre.   Oui Mr. l'Auteur de l'Antidotal-
Mémoire je fuis tout à fait de votre avis.   J'ai
toûjours crû jusqu'à-préfent que les invectives
font l'effet d'une aigreur de bile, qui affecte
d'ordinaire ceux qui font malheureux, & je
commence tout de bon non feulement à douter, mais à me perfuader, que le droit eft de
notre côté, lifez bien : de notre côté, non pas
du vôtre, comme il eft rendu dans le Mémoire
d'Amfterdam & comme je l'apprens dans le commencement de la fuite de votre Antidotal - Mémoire par les dénominations injurieufes.   C'eft
un proverbe généralement reçu, que ce font les
malheureux qui ont recours aux injùres ; qui
en s'irritant ont recours aux invectives, & dé-
montrent par-là, qu'ils manquent de bonnes
Raifons, dont ils devroient fe fervir.

(V.)

MEMOIRES
POUR SERVIR 'A
L'HISTOIRE
DE NOTRE TEMS,

PAR RAPPORT AUX DISSENTIONS PRE-
SENTES ENTRE LA GR. BRET. ET
LA REP. DES PROVINCES
UNIES.

(V.)

L'INTENTION FAUSSE ET DETESTA-
BLE DE L'AUTEUR DU MIROIR
CLAIR.

Faites donc la Conclufion Mr. l'Avocat,
& appliquez bien votre maxime.
Vous ne voyez pas comment échap-
per ; car c'eft votre Thèfe, ce font vos
propres paroles : mais fouffrez que je vous
aide Monfieur, cela vous fera plus commode &
nous en aurons plus d'agrément. Avouez donc
& dites avec moi: ,, Cette maxime générale me
,, démontre l'injuftice de mon procedé envers
,, mes Compatriotes & Confrères; je comprends
,, que le Zéle qui m'a pouffé à écrire, a pris

E

,, naif-

„ naiſſance de l'ignorance, & de la foibleſſe que
„ je me ſentois, de réfuter par de bonnes rai-
„ ſons, l'Ecrivain d'Amſterdam , & je com-
„ mence tout de bon à douter, que ce n'a pas
„ été le Bien de mes Compatriotes, qui m'a porté
„ à écrire mon Antidotal - Mémoire. " Fort
bien, mon très honoré Confrère ! comment
trouvez - vous cette pillule ? je crois que vous
ne l'aurez pas avalée ſans frémir. Je ſouhaite
qu'elle opère votre promte Converſion:

Quondam meminiſſe juvabit.

Je penſe avoir expoſé tout le chétif & inutile
verbiage, les faux raiſonnemens & les fauſſetés
de votre Antidotal - Mémoire Mr. ! & je n'en
ſuis pourtant qu'à la ſeptième page. Vous aurez
bien remarqué, que je n'ai pas voulu vous charger de votre diſcours , touchant le tort fait au
Commerce , par l'injuſte l'enlévement de
nos Vaiſſeaux par les Anglois, qui entraîne la
ruine des Aſſeureurs, l'appauvriſſement des Mari-
niers & l'entière ceſſation de pluſieurs Fabriques
dans notre Patrie. Comment eſt - il poſſible Mr.
que vous puiſſiez traiter en raillerie une choſe
de cette importance ! il n'eſt cependant que trop
vrai. Dans quel ſtile n'en parlez-vous pas? Ne
croyez-vous donc pas, que mille de vos Concitoyens vous en puiſſent faire de ſanglans reproches? Eſt - ce - là une choſe, à ſervir ſeulement
pour exercer votre beau ſtile?

Je paſſe à votre troiſième Remarque, qui fait votre neuvième & dixième Paragraphe: vous nous y accuſez & l'Ecrivain d'Amſterdam, prétendant que nous ne prouverons pas ce que nous diſons à la charge des Anglois, de leurs Capres, de leurs Vaiſſeaux de guerre, de leurs Régences. Que de Raiſons ne pourois-je pas vous alléguer icy pour vous faire paſſer pour un écrivain abſurde & ignorant ! Idiot que vous êtes? ne ſçavez-vous, ne liſez-vous donc pas, ce que vous devez lire & ſçavoir ? Pourquoi ne pas lire les Liſtes de tant de Vaiſſeaux Hollandois pris & pillés &c. imprimés chez Jacques Hoff à Amſterdam & à Rotterdam ? Ces liſtes ne ſont pas même inconnues dans la Salle de Juſtice de la Haye : Vous y trouverez la Réponſe à toutes les demandes, que vous relevez dans ces deux Paragraphes avec tant de tintamare à vos Compatriotes. Mais outre cela, vous accuſez à tort l'Ecrivain d'Amſterdam. Ce n'a point été ſon deſſein de traiter à fond ou d'épuiſer cette matière. Pour ce qui eſt des faits mêmes, & du grand dommage, qui montoit déjà à plus de 12. Millions de florins au Mois d'Août 1756., & qui ſe trouva augmenté bientôt juſqu'à 25. Millions, il peut bien renvoyer à d'autres Pièces qui en traitent particulièrement. La vérité de ces faits & le dommage en eſt aſſez connu, pour autoriſer l'Ecrivain d'en ſuppoſer l'état, & de n'en parler ſeulement qu'en paſſant, & pour prévenir ſur l'importance de la

diſcuſ-

diſcuſſion, qu'il alloit entamer. Son but étoit de démontrer, & ſurtout par le Traité de 1674. le droit & la légalité de notre Navigation & Commerce dans les Iſles Françoiſes & nos propres Colonies. C'eſt de ce côté - là que vous l'auriez dû attaquer, & non pas le reprendre des choſes qu'il n'a pas eu la volonté ni raiſon de le faire. Apprenez donc, mon cher Mr. ce qu'il vous auroit été facile d'apprendre, pour peu que vous euſſiez fait réfléxion ; que c'eſt avec raiſon que l'Ecrivain d'Amſterdam n'a point parlé de ce qu'il a dû taire. Mais ſe faire entendre d'une manière comme vous, ſans connoiſſance ni information des choſes qu'on veut réfuter, cela ne convient, qu'à l'Ecrivain indiſcret, qui brouille tout pêle - mêle.

Votre onzième Paragraphe nous fait pareillement voir votre foibleſſe & votre artifice. Avant que d'entrer en matière avec l'Ecrivain d'Amſterdam pour chercher le vrai ſens du Traité, vous voulez éxaminer ce que c'eſt qu'une Navigation légitime. Vous nous dites après, fort inutilement, comment l'Ecrivain d'Amſterdam entend le Traité de 1674. ſur ce point, & que vous nous expliqueriez à votre tour, comment vous l'entendiez ; le voici. Sans ſuivre les traces de l'Auteur du Mémoire d'Amſterdam, en recevant ou rejettant le vrai ſens du Traité, mais obſervant exactement les régles pour expliquer les Traités, voyons ce que nous y apprendrons

&c.

&c. Eſt-ce réfuter ce que vous faites? ſelon moi c'eſt prendre les choſes à la légère, c'eſt changer de batterie quand on ne peut rien gagner ſur l'Ennemi dans ſes Retranchements.

Eh bien! donc Monſieur, obſervons les Régles, pour expliquer les Traités & voyons l'application que vous en faites au Paragraphe douzième, & ſi votre explication du Traité eſt auſſi fondée qu'il vous ſemble.

Pour ce qui eſt de vos ſix maximes en elles-mêmes, je déclare rondement que je ne les re-connois pas. Le ſens d'un Traité ne doit pas changer ſelon les circonſtances des Tems, ou ſelon l'occaſion de quelque avantage ou déſavan-tage. Si l'on admettoit qu'il puiſſe changer, tous les Traités & Contracts, ſi clairs qu'ils puiſ-ſent être, ne ſerviroient d'aucune ſeureté & ne feroient bons à rien; & je vous laiſſe à conſidérer ſi vous ne donnez pas vous-même occaſion à vous ſoupçonner de machiavelisme? Mais je veux ſuppoſer avec vous, que vos 6. maximes ſoient bonnes en elles-mêmes, je puis aiſément vous l'accorder. *Concedo* Mr. *Concedo* vos 6. maxi-mes ſont excellentes; mais que s'enſuit-il? Que vous puiſſiez démontrer par ces 6. Régles, que l'explication que l'Ecrivain d'Amſterdam donne du Traité de 1674. ſoit fauſſe? En aucune manière, *Nego conſequentiam.*

Votre application ne vaut abſolument rien. Pourquoi, demandez-vous. Parce que le Traité

E 3

eſt

est clair, & intelligible de part & d'autre. Je dis plus, parce que ce Traité de 1674. est un Traité de Navigation & non pas de Commerce, *quod bene notandum* ; une distinction, qu'on ne doit pas omettre. Je dis encore plus, parce que, (laissons ce Traité de 1674. être un Traité de Commerce, non pas de Marine, quoique vous vouliez qu'il le soit ; n'importe vous n'y gagnerez rien) parceque, dis-je, on peut démontrer sans cela, que toutes vos Maximes prises l'une après l'autre reviennent à l'explication que donne l'Ecrivain d'Amsterdam du Traité de 1674. au nom des premiers de ses Concitoyens & Marchands des plus aisez. C'est ce qu'il faut prouver, direz vous ? Ce n'est pas mon dessein à présent Mr. Si cela étoit, je n'aurois qu'à feuilleter Grotius, Puffendorff & autres Jurisconsultes, touchant l'explication des Traités, pour mettre vos maximes à l'épreuve.

Il semble que vous avez fait tous vos efforts pour tirer de leurs ouvrages ce qui peut appuyer votre prétention : mais vous avez fort mal réussi, mon Ami ! je vais montrer que de ces six maximes pour expliquer les Traités, la première est fort mal appliquée : on n'a qu'à prendre garde aux exemples que donnent ces Grands hommes, pour voir qu'ils entendent tout autre chose sous *Absurdum* que des difficultés qu'on peut aisément prévoir en faisant des Traités.

La deuxième & troisième Régle concernant les vûes des Contractans, ne va pas, en cas que les mots soient obscurs; ou que la volonté des Contractans ne soit pas clairement exprimée: c'est alors, suivant ces Ecrivains, qu'on a recours aux conjectures, pour découvrir quelle intention ils pourroient avoir eu, sans cela on ne pourra jamais faire fond sur aucune chose. Or il est clair, que le passage en question: (qui seront transportés en tems de paix) n'a aucune restriction, & que le reste n'est pas obscur.

La quatrième Régle annonce, suivant les mêmes Ecrivains, une égalité dans les avantages pour les Parties contractantes, non pas par rapport aux suites, mais par rapport à la stipulation. Il y a ici une parfaite égalité dans cette Convention des deux côtés, par conséquent elle est de celles que ces Ecrivains appellent avantageuses, & qui doivent être observées à la lettre.

La cinquième Régle, *Conventio omnis intelligitur rebus sic stantibus*, est deja réfutée par les mêmes Ecrivains; car le changement des circonstances dans la suite des tems, ne peut point changer le contenu exprès d'un Traité. Il seroit absurde de vouloir ici le prétendre ou soûtenir.

La sixième Régle, que si le dommage étoit plus grand d'un côté, que n'est l'avantage de l'autre, est pareillement rejettée par les mêmes Ecrivains: Puisqu'il n'apartient pas à ceux qui ont fait promesse, de juger de l'avantage qui en

E 4

résulte

résulte pour ceux avec qui ils ont contracté. Ils censurent Ciceron, pour avoir dit : *Nec promissa servanda sunt ea, si plus tibi noceant, quam illi profint cui promiseris.*

Il ne seroit pas nécessaire Mr. que je m'étende davantage sur ce Chapitre, vous comprenez bien vous-même que vos six Maximes seront prises pour ce qu'elles font en effet. Ce n'est pas mon dessein de m'en amuser, comme je l'ai déjà dit; je pense néanmoins en avoir assez dit, pour convaincre un esprit aussi pénetrant que vous êtes Mr. Donnez-vous la peine d'y réfléchir, & vous en conviendrez. S'il ne vous déplait pas, relisez donc la Navigation libre, de l'Ecrivain du Mémoire d'Amsterdam, vous verrez comment il vous entretient. L'on ne peut mieux vous comparer qu'à un petit garçon battu par un homme fait, & cela avec raison.

Paragraphe treizième. Je crois que cela suffit, Mr. pour démontrer à mes Compatriotes, qu'on peut amener, & qu'on a amené des Arguments essentiels pour appuyer notre explication du Traité, qui assurément n'en auroit jamais eu besoin, si les Anglois n'en faisoient pas de leur propre chef une fausse, & si vous, ne produisant absolument rien, qui puisse justifier l'Explication & l'application de vos maximes, vous n'aviez légèrement accusé les Hollandois, de donner un autre sens aux mots du Traité qu'ils ne renferment. Toute la peine que vous vous

êtes

êtes donné dans le 12me Paragraphe, pour porter coup à vos Compatriotes, ne leur donneroit-il pas affez de fujet de vous imputer, non pas peut-être, mais certainement, que vous leur faites tort, que vous détruifez leur Commerce, que vous ruinez en grande partie leur Navigation &c.? Oui; ils en ont bien raifon, Mr.: Car vous femblez y aller comme un homme, qui facrifie raifon, juftice, tout, à l'avidité du gain. Car quelle autre raifon auroit pû vous porter à en agir ainfi avec vos Compatriotes! Qui a demandé votre Mémoire? Qui des Anglois ou des Hollandois vous en a chargé? Les Anglois vous ont-ils mis à la place de leur Miniftère & chargé d'arrêter avec Leurs Hautes Puiffances les moyens, pour prévenir nos juftes plaintes, ou de nous dédommager de notre grande perte? Pourquoi ne paffez vous pas votre tems à autre chofe, fi vous n'avez rien de meilleur à produire?

Quis minor eft autem quam tacuiffe labor!

Non, je ne puis pas me taire, dites-vous, il faut que je parle. Eh bien, parlez donc Mr., je prendrai à charge de vous réfuter; Car le refte de votre Antidotal-Mémoire ainfi dit, fera fans doute auffi fort qu'il a été jusqu'ici. Votre 13. & 14. Paragraphe, font une conféquence abfolument fauffe, d'un Principe qui eft pour nous. Cela n'eft pas dit poliment Mr., mais il n'eft pas moins vrai. Vous brouilléz toûjours le Commerce avec la Navigation; ce qui fait que vous vous

E 5

trom-

trompez toûjours. Vous perdez de vûe, que le Traité eſt des deux côtés, & que les Anglois en ont profité les premiers ; delà, toutes vos abſurdes Concluſions. Je dis trop peu, car vous vous contredites vous - même dans ce Paragraphe. Liſez - le une fois avec attention & vous trouverez que j'ai raiſon.

Il eſt plus aiſé d'abattre, que de bâtir, dites-vous dans votre quinzième Paragraphe & il paroît que l'un eſt auſſi difficile pour vous que l'autre, mon ami ! juſqu'ici vous n'avez rien fait autre choſe que montrer que votre Mémoire n'eſt que *verba & voces, prætereaque nihil*. Peut-être les réalités ſuivront-elles encore, c'eſt votre Affaire Mr. ; la mienne eſt de paſſer aux 16. 17. 18. & 19. Paragraphes, dans lesquels vous voulez diſ-cuter, quel Commerce auroit pû être l'objet du Traité ? Pour ſçavoir au vrai, de quelle Naviga-tion il s'agit dans le Traité ? Ah ! Mr. vous parlez ſi inconſidérément, & avec ſi peu de ré-fléxion qu'on n'y peut plus tenir ; que dis-je réfléxion ? C'eſt vouloir jetter de la poudre aux yeux ; c'eſt fineſſe ; c'eſt perfidie. Nous prenez-vous pour des Enfans, ou pour des bêtes ? Si vous répondez que non, changez donc s'il vous plaît de langage, & agréez de dire, que ſi nous éxaminons ſeulement, ſi la Navigation a été l'objet du Traité, il ſe démêlera de ſoi-même, de quel Commerce il s'agit.

Il faut que j'avoue pourtant, parce que vous voulez abfolument parler du Commerce, pour changer *Statum quæftionis*, que la tranfition eft fort bien inventée & bien dirigée. Mais Mr. qu'allez-vous faire? vous voulez prefcrire une loi aux Marchands? & une loi de deux pages in folio; qui furprend d'autant plus, dans cette Antidotal - Mémoire, que vous la propofez à Meffieurs les Marchands des Provinces-Unies, qu'elle ne fait rien à la chofe; car elle ne réfute aucunement le Mémoire d'Amfterdam : d'ailleurs vous n'êtes pas vous-même de cette profeffion, fuivant vos propres paroles : autant que je fuis inftruit, dites-vous. Vous nous faites connoître par-là, d'être inftruit de bouche par des Marchands, ou de l'avoir tiré de livres qui traitent du Négoce, ce qui nous eft tout un. Je ne faurois comprendre, mon ami, comment la fantaifie vous a pû venir, de vouloir enfeigner vos maîtres, ce qu'ils doivent entendre par Commerce; que le Négoce fe fait de deux maniéres; que des charges entières d'olives font envoyées de France aux Hollandois; (vous en avez peut-être envie?) c'eft pour faire rire affurément, & pour dire avec Apelles: *Ne futor ultra crepidam.* Cela revient encore à ce que j'ai dit; du verbiage inutile pour remplir le papier.

Dans le 20me Paragraphe je ne trouve rien à remarquer, finon que vous voulez expliquer à
votre

vôtre manière, le Traité de 1674., un Traité
où il ne faut pas la moindre explication, qui
est fort intelligible aux Anglois, parcequ'ils ont
été dans le même cas où nous sommes maintenant.　　Outre cela, on vous demande avec raison, pourquoi, voulant donner une explication, vous n'en avez pas donné une qui fût
compatible avec l'objet, le contenu & la con-
nexion du Traité? pourquoi, au-lieu de celle
que vous donnez, & qui fait des paroles du
Traité un son vuide, vous n'avez pas songé à
une, qui laisse juger, que ceux, qui l'ont composé de la part de leurs Maîtres, n'étoient pas
insensés?

Le 21. & quelques Paragraphes suivans marquent, que vous pensez appuyer votre fausse
conception du Traité. Ici Mons. votre industrie
vient merveilleusement bien à-propos. Le Traité
de 1674. est donc, comme vous voulez, une
suite où bien une répétition de celui de 1667.
& 68. ce qui n'aboutit à autre chose qu'à borner
& restraindre la liberté du Commerce & de la
Navigation, dont l'étendue sans bornes étoit
pourtant le seul objet du Traité de 1674. avec
des additions, qui suivant le sentiment non seulement des Marchands de Londres & d'ici, mais
de tout le monde raisonnable, entendu & bien
intentionné, devoient servir de régle constante.
N'est-il pas dit expressément dans le 2me Article
dudit Traité de 1674. que, *la liberté de la*
Navi-

*Navigation & du Commerce s'etendra à toutes
sortes de Marchandises, qui sont transporteés en
tems de paix?* Croyez moi Monf. rélifez encore
le Traité de 1674. avec attention. Vous avez
une Conception abfolument fauffe de ce Traité,
autrement il eft impoffible que vous euffiez pû
faire imprimer de telles abfurdités,

Præterita veniam dabit ignorantia culpæ.
Votre explication du Traité ne vaut abfolument
rien Mr., croyez moi je vous; l'ai dit affez fouvent. Les Paragraphes fuivans 22. 23. 24. 25.
26. 27. & 28. ne font donc que des conféquen-
ces abfurdes, qui s'évanouiffent d'elles - mêmes,
parce qu'elles viennent d'un faux principe. Si je
voulois le démontrer ici, je ne pourrois le faire
fans m'echauffer le fang, & nous n'avons que faire
de cela. Il faut pourtant que je vous dife un
mot, parceque vous avez l'Efprit fi pervers,
que le Mémoire imprimé chez Tirion (que je
regarde comme une réponfe au vôtre) ne vous
fatisfait pas fur le fens du 2me Article du Traité
de 1674. Demandez au premier pêcheur que
vous rencontrerez, ce que fignifient 'ces mots:
„ Que la liberté de Navigation & de Commerce
„ en tems de guerre doit s'étendre fur toutes les
„ marchandifes qui jamais ont été transportées
„ en tems de paix. " Je me foumettrai à fa déci-
fion. Je ferai encore plus pour un moment:
que les mots en queftion foient obfcurs, que
s'enfuivra-t-il à votre jugement? Que, ces
mots

mots ayant été ajoutés aux deux Articles parale-
les des Traités de 1667. & 68., non pas sans
raison, ayent aussi un même sens de limitation
ou d'extention, & que les Anglois ayent raison
de les prendre dans celui de limitation ? qu'ils
pourroient enlever tous nos Vaisseaux, les déclarer de bonne prise, par cette raison, sans se
rendre coupables de violation des Traités ? Ce
seroit rejetter insolemment une des prémières
Régles à observer en expliquant des Traités.
L'un a autant de droit que l'autre ; le Traité vaut
pour l'une des parties comme pour l'autre ; dans
les années 1675. 76. 77. 78. c'étoit le tour des
Anglois, à présent c'est le nôtre. Si les Anglois
n'en sont pas contents, & qu'ils trouvent nuisi-
bles ou ruineux pour eux, un Commerce & une
Navigation trop étendus dans les Isles Françoises,
ils devroient le dire franchement, sans s'arrêter
à une manière de parler obscure pour chercher
un prétexte. Car s'il faut que cette liberté soit
bornée, à qui est-ce de la borner ? Il n'est pas
à souhaiter, & il ne seroit pas juste, que cela se
fit par celui des deux qui est le plus fort. Il
faudroit s'y prendre tout autrement. On feroit
des Arrangements, après que les Anglois nous
auroient rendu, ce qu'ils nous ont ravi. Voilà
les dispositions qui auroient dû être le but de
votre industrie, de votre Esprit, & de votre in-
telligence, vous auriez au moins mieux employé
votre tems. De tout ce que j'ai dit jusqu'ici

pris

pris enfemble, vous ferez convaincu, que votre Antidotal - Mémoire tel qu'il eft, ne renferme que des verbiages inutiles, de faux raifonne-mens, des faufletés, ignorance, abfurdités, mauvaifes intentions & perfidie. Je veux dire: que le Traité en queftion doit être expliqué fuivant des Régles d'un jugement fain, que l'on ne trouve pas en vous Mr   Je veux fuppofer (quoique ce foit une fauffe fuppofition) que les Hollandois & l'Ecrivain d'Amflerdam ayent eu tort prenant le Traité dans un fens contraire, il ne s'enfuivroit pas, qu'ils méritoient d'être traités, comme vous le faites entendre dans vôtre Mémoire.   On ne fauroit nommer voleur celui qui prend un bien, s'imaginant que c'étoit le fien.

De plus, les inftructions qu'apparemment vous avez reçu des Marchands, (car vous avez fans doute été inftruit en ce qui concerne le Négoce,) ne méritent affurément pas la lâcheté, l'ingratitude, & la rudeffe dont vous en ufez envers eux, vos Compatriotes & Concitoyens. Si Votre Antidotal - Mémoire ainfi dit, avoit été compofé par un Anglois, je m'en appercevrois; & je me ferois appliqué d'y répondre dans les principaux points, & avec la plus fcrupuleufe Réfléxion, pour éviter toute expreffion choquante, & furtout, en ce qui regarde la Nation Angloife.   Mais votre manière de réfuter n'eft pas digne d'une réfutation en ordre, foit dit avec

toute

toute la politeſſe qui convient à votre manière d'agir ; Mais je puis me tromper, peut être faut-il l'attribuer à votre ignorance , plûtôt qu'à votre mauvaiſe intention : la réfutation d'un Mémoire raiſonné , (comme celui imprimé chez Tirion) eſt une des plus difficiles choſes pour un tel Ecrivain.   La Raiſon en eſt facile à comprendre.   Il vous eſt impoſſible de ſavoir ni prévoir le néceſſaire pour y répondre.   Votre eſprit borné ne s'étend pas à tout cela ? Vous faites des plaintes contre la Nation Hollandoiſe, ſuivant *votre peu de jugement, ou votre peu de capacité à comprendre les choſes*; au lieu que la Nation Hollandoiſe a à ſe plaindre, de ce que vous cherchez à lui porter préjudice, par une explication forcée & une fauſſe conception du Traité, à l'avantage des Anglois.

(*VI.*)

MEMOIRES
POUR SERVIR A
L'HISTOIRE
DE NOTRE TEMS,
PAR RAPPORT AUX DISSENTIONS PRE-SENTES ENTRE LA GR. BRET. ET LA REP. DES PROVINCES UNIES.

(VI.)

L'INTENTION FAUSSE ET DETESTA-BLE DE L'AUTEUR DU MIROIR CLAIR.

Avant que de finir Mr. j'ai encore à faire quelques remarques sur votre 29me Paragraphe. Je crois assurément que vous avez voulu nous faire accroire, que tous les Vaisseaux que les Anglois nous ont pris, ont été rendus, & qu'ils cessoient d'en prendre. Avec quelle *circonspection* les Anglois agissent-ils donc? Où sont les Vaisseaux qu'ils auroient dû rendre? Où sont les Câpres punis, pour avoir usé de violence? Pourquoi conti-nuent-t'ils de prendre nos Vaisseaux? Est-ce à prevenir nos justes plaintes, & y donner at-tention? Conduite bien singulière! jusqu'ici nous n'avons pas sujet de dire avec vous: qu'on ne procédoit pas en Angleterre d'une façon sau-vage & bien rude.

Le Droit des Gens, dit le Mémoire d'Amsterdam, n'est pas encore aboli, c'est bien dit, répondez-vous? mais quel Droit est ce? demandez-vous encore. Non pas, assûrément, un Droit fondé sur la fantaisie de quelqu'un; mais un Droit qui est fondé sur le principe immuable du bien-être, de la félicité de l'homme, un Droit que la Raison nous enseigne & que des Esprits pénétrants ont eu soin de faire connoître dans toute son étendue, dans leurs livres. M'entendez-vous bien Mr.?

Le Traité de 1674. est encore dans son entier, dit le Mémoire d'Amsterdam, vous répondez: oui. Mais quel Traité, demandez-vous encore. Demande etrange! l'Ecrivain d'Amsterdam parle toûjours du Traité de 1674. ne le voyez-vous donc pas? Il parle d'un Traité fondé sur la foi mutuelle pour le bien des deux parties, ayant pour objet une Navigation & un Commerce libre. Encore, les Traités ont toûjours pour but l'avantage & l'égalité naturelle; & & tout ce qui se fait contre, est contre le Droit des Gens, contre la bonne-foi, & est illicite digne de blâme & de punition: C'est dequoi vous convaincra aussi-bien que nous, l'explication faite de ce Traité en 1675.

Je pense vous avoir assez démontré Mr., que les raisonnemens du Mémoire d'Amsterdam ne sont pas aussi légers & aussi dignes d'être censurés, que vous le voulez persuader; que la liberté du Commerce & de la Navigation se doit prendre selon vous dans un sens trop limité; que vous

vous avez une fausse idée du Traité de 1674.; ce qui vous a fait donner dans toutes les absurdités & verbiages inutiles, qu'à notre grand régret nous avons été obligés de réfuter & d'en faire voir les fausses conséquences.

Ne vous plaignez pas, Mr., si j'ai paru vous corriger avec trop de rigueur; je l'ai fait dans une bonne intention, & l'ai dû faire pour ma Patrie & pour vous. Et quoique vous ne me donniez pas lieu de vous estimer un fidele Compatriote, j'ai néanmoins de l'inclination pour vous.

Homo sum, humani nihil a me alienum puto.
Voici encore quelques Conseils qui ne vous seront pas inutiles à suivre :

1. Je vous conseille de vous tenir *incognito*, & cela pour de fortes raisons, faciles à deviner, pour un esprit aussi pénétrant que le vôtre.

2. De vous repentir sincèrement de votre Antidotal-Mémoire & de tous ceux où vous tâchez de donner à une cause mauvaise l'apparence d'une bonne.

3. De ne prendre désormais la plume contre votre Patrie; mais bien pour défendre ses Droits.

4. De ne publier plus de Mémoires remplis d'exclamations pathétiques, pour un rien ; car vous comprenez bien, qu'un tel langage rend la chose ridicule; & l'impression que font dans l'esprit ces longs récits font autant que rien.

       5. Si

5. Si vous vous croyez obligé de faire quelque Mémoire & Requête pour une cause, commencez premièrement à bien définir le sens qu'on lui veut donner, & celui auquel elle doit être entendue par des termes concis, si clairs & si intelligibles, qu'un matelot n'y trouve rien à contrôler.

6. S'il vous prend envie d'écrire des Mémoires sur le Commerce & la Navigation; informez-vous des Marchands & lisez des livres qui traitent du Commerce; & s'il vous reste des doutes, informez-vous des autres.

– – – – *Nescit vox missa reverti.*

7. Si vous vous croyez offensé, ou que vous croyez avoir sujet de vous plaindre, faites en sorte qu'on reconnoisse dans vos Mémoires, requêtes ou réfutations la justice de la cause, & des sentimens patriotiques, au lieu d'un emportement déréglé.

Si jamais j'avois le malheur de faire imprimer un Mémoire aussi insensé qu'est le votre contre ma Patrie, je vous donne la liberté Mr. de le réfuter; car je ne m'attens pas, que vous vous deffendiez contre cette Réfutation-ci :

Non cuivis homini contingit adire Corinthum.
Cependant Monsieur, mon Confrère, divertissez-vous bien.

RE'FLE

REFLEXIONS
SUR LE
MEMOIRE PLUS EXACT,
TOUCHANT LES PRISES DES VAIS-
SEAUX QUE LES ANGLOIS FONT SUR
LES HABITANS DE CET ETAT,
sous le Titre :
LA NAVIGATION ET LE COMMERCE
DES HOLLANDOIS AUX INDES
OCCIDENTALES DEFENDUS.

En forme de Lettre à l'Auteur du Mémoire plus Exact, pour réfuter ce qu'il a avancé contre l'Antidotal - Mémoire.

MONSIEUR,

Je m'attendois bien qu'il paroîtroit quelque Ecrit sur l'*Antidotal - Mémoire* ; mais rien de semblable à l'Ecrit que vous avez intitulé *Le Commerce & la Navigation libre des Habitans de cet Etat dans les Indes Occidentales défendus &c.* Il ne vous suffit pas de parler d'un ton de Maître, il ne vous suffit pas, d'user d'un stile satirique, & en disant des injures dans l'examen d'une cause, qui, selon moi, mérite d'être traitée avec le plus grand sérieux ; non content de me traiter d'ignorant, en fait de Navigation, & de donner un autre sens à mes paroles, de représenter mes sentimens sous des idées qu'il

vous

vous a plu d'imaginer & tout autres qu'ils ne font, & de bâtir votre Réfutation ainfi dite ; vous me taxez encore *d'être intentionné pour les Anglois, de mauvais Patriote, d'Anglois des plus iniques, qui auroit place plûtôt fur la bourfe & dans les Caffés de Londres entre les Propriétaires de Câpres, que dans nos Villes commerçantes de Hollande, où ils cherchent à faire goûter leurs maximes partiales; qui aide à éguifer le couteau dont on voudroit percer le cœur de notre Commerce & de notre Navigation, fur toutes les Mers & devant tous les tribunaux 'd'Angleterre.* Eft-ce-là Monfieur le langage d'un Cenfeur modefte ? Eft-ce le propre d'un Ecrivain qui n'a pour objet que la vérité ? L'aigreur n'eft-elle pas affez forte, fans l'augmenter encore par ces termes odieux de Partifan d'Angleterre ou de la France, dont je pourrois vous appliquer le dernier auffi-bien que vous m'avez appliqué le premier. Si l'on doit reconnoître *votre modération* à ces traits, que ne devons-nous pas attendre de votre colère? S'il ne m'avoit paru néceffaire pour mes Compatriotes, & fur-tout mes Concitoyens les Marchands, d'élaircir un peu le différent entre nous & les Anglois, je ne me ferois pas foucié de votre *Navigation libre.* Mais c'eft le devoir d'un Citoyen, d'un homme de bien, d'avertir ceux qu'il penfe être dans l'erreur. Vous débutez, comme fi les Marchands vous avoient choifi leur défenfeur, comme s'ils vous avoient confié

leur

leur cause, & souscrivoient à tout ce que vous dites & tâchez de soûtenir. Ne vous trompez pas vous-même Mr. Ne songez pas, que tous les habitans soient assez aveugles, pour se laisser prendre par l'apparence. Sçachez, ou plûtôt considérez, qu'entre le grand nombre de Marchands, & même de ceux qui souffrent un dommage réel, ayant leurs Marchandises en Angleterre, il y en a beaucoup, qui ne voudroient pas vous prendre pour leur Avocat, & qui détestent de telles expressions, capables de causer des partis dangereux & des troubles dans la Patrie. Quant à moi, bien-loin de reconnoître en vous un Corps de Marchands, je ne reconnois que l'Auteur de deux Mémoires. Je vous ai bien distingué d'avec les Marchands dans l'*Antidotal-Mémoire*; & si je ne l'ai adréssé qu'aux Marchands seuls, je vous porterai à vous seul la parole dans celui-ci.

Au Paragraphe troisième, il paroît que le passage de Pline le Jeune que je vous ai appliqué, vous a fait quelque impression, & vous êtes si charitable de dire: *ah! que de tels Compatriotes auroient mieux fait de se taire, jusqu'à crever*, expression hardie! mais y avez vous bien songé? Mon *Antidotal-Mémoire* est fondé ou non. Dans le premier cas, soutiendriez-vous bien que vos Compatriotes feroient mieux de se taire jusqu'à crever que de maintenir la vérité? Et pourquoi faire un tel souhait, si le second avoit lieu?

Si

Si mon Mémoire n'est pas fondé, s'il vous a coûté quelque peine à l'énerver, comme vous le pensez, quel tort feroit-il donc à la cause des Marchands, & pourquoi souhaiter, qu'il vaudroit mieux de m'être tû *jusqu'à crever?* Retournons l'argument, & quoique j'eusse tort de dire, que vous auriez mieux fait de vous taire, parce que vous avez defendu la Cause des Marchands, qui ne dira avec moi, *que vous auriez mieux fait de ne point écrire,* parce que vous avez si mal réussi comme je l'ai démontré. Vous faites tort à la cause des Marchands par votre Ecrit; c'est pourquoi j'aurois fort souhaitté que vous eussiez gardé le silence, par un sentiment d'intérêt que je prend à celui de mes Concitoyens; comme un véritable *Hollandois* & non pas en Partisan pour les Anglois.

Paragraphe IV. Si vous vous trouvez offensé par l'application que je vous fais de ce que dit *Pline;* examinons donc, & répondez-moi : Est-il vrai ou non, que les expressions aigres, & emportées font plus de tort à une cause qu'elles n'y servent? Convient-il, que dans une dispute, on se serve de termes choquans & de reproches vulgaires, ou vaut-il mieux de plaider sa cause avec modération? Quand on défend son Droit, lequel vaut mieux de s'emporter, ou de dire simplement les Argumens sur quoi on fonde son Droit? Enfin, est-il quelque chose qui fasse plus de tort à une bonne cause, que d'exposer

son

son Droit, d'une manière mal-adroite & immodérée? Et si cela est, quel tort n'avez-vous pas
fait à la cause des Marchands, à quel reproche
ne vous êtes-vous pas exposé? Qui ne sera porté
par votre premier *Mémoire*, à croire, que ce
n'est ni le bon Droit, ni la raison, mais l'avidité
du gain & un Droit imaginaire qui font naître les
plaintes, qu'on entend tous les jours? Ne désavouez pas que vous vous êtes rendu coupable
d'immodération. Ce que vous avez écrit est imprimé; les expressions mordantes ne font que
trop voir, que l'Auteur a été guidé par ses passions plûtôt que par la raison. N'auriez-vous
pû dire, sans vous effaroucher, en tels ou pareils
termes: *Les Capres Anglois nous maltraitent en
plusieurs égards, nos Vaisseaux sont pris & déclarés pour de bonnes prises, contre le contenu du
Traité, comme nous pensons: L'interprétation que
les Anglois font du Traité nous paroît répugner à
la lettre, au sens & au but des Traités &c.* C'est
du moins-là l'essentiel des plaintes des Marchands; ils ont raison, ils font bien de l'exposer
en son lieu, avec les preuves nécessaires; mais
jamais ne conviendra-t-il à eux, & encore
moins à vous, de dire, que *les Anglois faisoient
une explication fausse du Traité, qu'ils donnoient
un autre sens aux mots qu'ils n'avoient &c.* & de
semblables indécences, qu'on pardonne au vulgaire grossier; mais qui sont dignes d'être punis
dans un Ecrivain qui raisonne sur les devoirs d'un
Peuple.

F 5

Para-

Paragraphe V. Ce n'eſt pas tout Mr., nous connoiſſons par l'Expérience journalière que c'eſt-là le moyen de perdre même ce, à quoi on a bon droit, quand on demande trop, ou qu'on fonde ſes demandes ſur des arguments pervers. Vous avez donc fait grand tort aux Marchands, en étendant plus loin leurs prétentions qu'ils ne le peuvent; en les voulant fortifier d'un Droit qu'ils n'ont pas encore, mais qui leur eſt conteſté & le ſera toûjours. Sçachant, ou ſi vous voulez, m'imaginant que vous avez commis ces deux fautes, & prévoyant les ſuites pernicieuſes, qu'elles pourroient avoir pour la cauſe de nos Compatriotes, ai-je pû m'empêcher de m'y oppoſer ? Pouvez-vous conclure de-là que je ſois *intentionné pour les Anglois ?* Convenez, que c'eſt par un eſprit purement *Hollandois,* que j'y ai été animé; ne dites pas que j'aurois mieux fait *de me taire jusqu'à crever,* puisque je ne comprenois pas bien la choſe. Si je me trompois, & que je cruſſe être ſur le droit chemin, je le devois toûjours pourſuivre, ſans m'attendre à en être injurié ; mais bien plûtôt tiré de l'erreur, où malheureuſement je ſerois tombé. Mais nous verrons qui de nous deux eſt dans l'erreur, ou de vous ou de moi ?

Paragraphe VI. Vous trouvez étrange, dites-vous, que votre premier Mémoire pour défendre la liberté de la Navigation & du Commerce des Habitans de cet Etat &c. *eſt contredit par nos*

pro-

propres *Compatriotes, qui font plus pour le parti Anglois que les Anglois mêmes &c.* Cela vous peut-il étonner, que votre Mémoire ne foit pas approuvé de tous les Hollandois? Est-il furprenant qu'un Hollandois ait pris à tâche d'en montrer les défauts? Comment donc Mr. pouvez-vous vous imaginer que dans toute la Hollande, il n'y eût pas un feul équitable & vrai Hollandois qui donnât à chacun ce qui lui appartient? qui fit voir les prétentions iniques de fes Compatriotes? La vertu Hollandoife le zéle patriotique confifte-t'-il, felon vous, à approuver, à maintenir & défendre tout ce qui nous eft profitable, foit jufte ou injufte? Où eft-ce que *nous vivons dans un tems*, permettez-moi de me fervir de vôtre expreffion, où un Zéle effrené, la partialité de quelques-uns, foit une regle pour tous les Hollandois, qui fans dire mot, s'y doivent ranger, s'ils ne veulent pas qu'on dife à leur égard: *il femble que nous vivons dans un tems où on peut noircir librement fa propre Nation, pourvû que feulement on défende les Anglois.* Pour moi, Mr., qui ai à cœur autant que vous, le Bien de la Patrie & en particulier celui des Marchands, je comprends qu'un véritable *Hollandois* doit être, fur-tout pour mériter ce nom, un homme de bien & vertueux, un homme qui ne prétend pas plus qu'il ne lui appartient, & qui reconnoît l'équité & la juftice même à l'égard de fes Ennemis. Si vous avez d'autres prin-

cipes

cipes, je vous plains, fans vous envier. Et fi ma Conduité vous étonne, allez à Londres, vous y trouverez des Anglois, qui blâment leurs Compatriotes du tort qu'on nous fait, qui le font avec impétuofité, éxagérant fort les fervices que nous leur avons rendus. Sont-ce des Anglois *intentionnés pour les Hollandois ?* *

Paragraphe VII. „*Nos propres Compatriotes*, pourfuivez - vous, *prennent en mauvaife part* „ *que nous foyons fenfibles aux pertes que l'on* „ *nous fait effuyer &c.* “ Pourquoi ces paroles Mr. ? Pour me rendre odieux aux Marchands ? Eft-ce la *vertu Hollandoife* qui vous enfeigne cela ? je vous défie de trouver dans tout mon *Antidotal - Mémoire* un feul mot, qui pût vous donner ce Droit. Le dommage des Marchands me touche peut - être plus que vous; je ne prends point en mauvaife part qu'ils en foient touchés eux - mêmes; mais ce que je prends en fort mauvaife part, c'eft que vous les défendez fi mal: & je vois avec douleur, qu'on prend un chemin, qui méne à tout autre but que les Marchands ne s'imaginent.

Paragraphe VIII. „ Notre Patrie même “ continuez - vous „ qui le croiroit ? produit des „ hommes qui contribuent au malheur des „ Marchands, qu'ils appellent eux - mêmes *la* „ *partie la plus confidérable* - - - leur donnent

le

* Un Exemple de ces écrits fe trouve dans la Gazette Françoife de Leide du 14. & 21. Nov. 1758.

„ le tort dans un demêlé, qui venant à être
„ decidé à notre defavantage, ruineroit beau-
„ coup des plus riches, des plus prévoyans
„ Marchands & Affureurs, & réduiroit à la
„ beface mille perfonnes qui en tirent leur fub-
„ fiftance. “ Pour parler contre les Anglois
ou pour eux, il ne faut point examiner ce qui
eft jufte, mais feulement s'il eft utile ? j'avoue
que c'eft penfer noblement d'entreprendre
d'expliquer des Traités. Outre cela, je ne
donne point le tort aux Marchands, fi généralement que vous dites, Mr. je ne le donne qu'à
ceux qui ont tort & le Droit à ceux qui ont Droit.
Je veux expofer des idées juftes aux Marchands
fur ce qu'ils ont à craindre ou à efpérer du
Négoce.

Paragraphe IX. Vous me chargez, que „ je
„ montrois avoir plus à cœur les Droits vrais
„ ou imaginaires de la Nation Angloife que
„ ceux de ma propre Patrie, que je tâchois
„ même de vous perfuader, que l'intérêt des
„ Anglois nous touchoit de plus-près que le
„ nôtre propre ? “ Pour preuve de ce que vous
avancez vous renvoyez le Lecteur à mon Antidotal-Mémoire p. 3. 12. 20. Vous auriez mieux
fait de citer les mots qui vous ont donné fujet
à cette accufation, j'ai lu avec l'attention requife
ces 3. pages, & je trouve que ce que vous voulez
m'imputer font des fictions, dont il vous a plu
de remplir votre deuxième Mémoire.

Para-

Paragraphe X. Selon vous j'ai mauvaife grace de demander la preuve de ce que les Marchands ont déja prouvé, dites-vous, *en fon lieu*; voyons Mr. fi vous avez raifon en cela. Pour quelle fin votre premier Mémoire a-t-il été écrit, imprimé & publié? Pour informer nos Magiftrats? Mais ceux-ci avoient déjà les informations & les preuves. Pour fervir au Miniftère Anglois? Mais il n'a que faire affurément d'un *Mémoire* écrit en Hollandois par un particulier, pour être inftruit des fujets de nos Plaintes, il attend les plaintes & les preuves des mains de nos Magiftrats, à qui feuls il convient de la faire. Votre deffein a donc été fans doute, d'informer le Public de Hollande fur-tout, & en particulier ceux qui *dans la folitude paffant la plûpart de leur tems à lire*, ne laiffent pourtant pas de s'informer auffi des chofes qui regardent le Bien de la Patrie. Cela étant, ai-je donc fi mal fait de demander les preuves néceffaires à votre *Mémoire*? „Auroit-il été fi pénible, d'y ajouter un Mémoire „ touchant les prifes &c. pour l'appuyer, ou „ n'étoit-ce pas-là l'endroit? L'un ou l'autre eft vrai. " Combien peu y en a-t-il qui ont l'occafion de voir vos preuves dans l'endroit où vous les renvoyez, & fi toute fois il y en avoit d'affez crédules pour fe fier à ce que vous écrivez, vous ne fçauriez l'attendre de tous vos Compatriotes. Il me femble, que je puis avec d'autant plus de raifon vous demander les preuves, puis-

que

que les Puiſſances mêmes, quand elles veulent
inſtruire leurs Sujets de la juſtice de leur Cauſes,
ont grand ſoin d'ajouter à leurs *Mémoires* les
Documents ou en entier, ou autant qu'ils ont
rapport à la Cauſe; & ſi elles ſe rapportent à
d'autres piéces, elles ſont nommées & marquées ſi
expreſſément qu'on ne peut pas s'y tromper.
Quelle croyance mérite donc votre premier *Mé-*
moire deſtitué du plus eſſentiel ?

Paragraphe XI. Les preuves ſont produites
dans le lieu où il faut. Quelles piéces ? Les
Liſtes des Vaiſſeaux pris, arrêtés & déclarés pour
de bonnes priſes, avec les Déclarations néceſſaires confirmées par ſerment &c. ſoit : Mais
qu'en ſuivra-t-il ? Que l'affaire eſt décidée ?
Etrange manière de prouver ! Ne faut-il donc
pas entendre auſſi ce qu'alleguent les Anglois ?
Vos Mémoires ne doivent-ils pas être appuyés
des Ecrits. 1º ſur quoi les Marchands fondent
leur prétention, 2º où les preuves ſoient claires,
& 3º où les oppoſitions des Anglois ſoient ex-
poſées & refutées ? Cela eſt abſolument néceſſaire
pour que le Lecteur puiſſe être convaincu de la
juſtice des plaintes.

Paragraphe XII. Vous convenez „ qu'un
„ Juriſconſulte qui eſt verſé ſur-tout dans le
„ Droit public, eſt fort propre & en droit de
„ juger de ce différend, pourvû, dites-vous,
„ qu'il ait quelque Connoiſſance générale au
„ moins de notre Commerce, & qu'il ſçache ce
qui

„ qui s'eſt paſſé par rapport au cas préſent "
j'en tombe d'accord , & je vous accorde
même, que je ſçais moins du Commerce que
les Gens de Comptoir de nos Marchands.
Combien de Marchands n'y a-t-il pas qui
ont cela de commun avec moi ! que ne
produiſez-vous quelque échantillon de mon
ignorance ? Vous dites bien, „ que par mal-
„ heur je ſuis fort mal inſtruit en fait de
„ Commerce , & que vous le montreriez
„ plus bas. " Mais je ne trouve nulle part
que vous l'ayez montré. Auriez-vous oublié
votre promeſſe, comme il n'arrive que trop
ſouvent aux gens qui ont d'autres affaires?
mais paſſons ces bagatelles pour venir à l'eſſentiel.

MEMOIRES

POUR SERVIR A
L'HISTOIRE
DE NOTRE TEMS,

PAR-RAPPORT AUX DISSENTIONS PRE-
SENTES ENTRE LA GR. BRET. ET
LA REP. DES PROVINCES
UNIES.

(VII.)

SUITE DE L'INTENTION FAUSSE ET DETESTABLE DE L'AUTEUR DU MIROIR CLAIR.

Si dans les Liftes des Vaiffeaux & Car-
gaifons prifes par les Anglois, on
ne produit pas d'autres preuves, que
celles qui fe trouvent dans cès Liftes, j'ap-
prehende, qu'elles ne foient pas trouvées fuf-
fifantes, vis à-vis de gens éclairés. Je n'y trouve que le récit des offenfes faites, foit aux Vaiffeaux, aux perfonnes, aux effets &c. mais point
de preuves, qui puiffent nous convaincre de la
légitimité où de l'illégitimité de ces offenfes:
enfin rien par où on puiffe juger en quelque
manière, qu'effectivement les chofes foient tel-

G

les

les qu'on avance. Et suppofé qu'elles foient telles, la queftion eft, fi cela nous donne le droit d'outrager les Anglois, de leur dire des injures, & d'expliquer le Traitécomme vous penfez? Ce qui fait le fujet du différend qui éxifte entre vous & moi.

§. XIV. Le paffage que je viens de citer de mon *Antidotal Mémoire*, marque en même tems, que vous ne l'avez pas lu avec difcernement. „ On peut auffi, dites-vous, imputer une „ action à qui a droit, pouvoir & obligation „ de l'empêcher & qui ne l'empêche pas; c'eft „ dans ce cas, que fe trouve la Régence d'An- „ gleterre ". Je ne vous ai pas difputé le premier de ces deux points, mais les Juges & Jurifconfultes de qui vous prétendez être l'interprête, ne vous ont-ils pas inftruit, que le cas particulier que vous citez, eft effectivement compris dans les mots de ma pofition: *on l'approuve après coup.* J'ai même encore expliqué ces mots par ce que je dis après; *à mefure qu'ils ont donné leur confentement foit avant, foit après.* Mais puifque vous voulez foûtenir, qu'on pouvoit imputer à la Régence d'Angleterre tout ce dont nous nous plaignons, il faut que j'ajoûte encore, qu'on ne peut jamais imputer quelque chofe à quelqu'un, à moins qu'il n'ait eu *toute* *l'occafion* de la faire ou de ne la pas faire: voyé *PUFFENDORFF de Off. Hom. & Civ. L. 1. Cap* *1. §. 22. HEINNECCIUS J. N. & G. L. 1. §. 113.*

& Prælec. ad l. c. Puffend. Il faut donc que vous prouviez, que la Régence d'Angleterre ou la Nation Angloise n'ait manqué de rien pour prévenir, ou pour punir ce dont nous nous plaignons. Car on ne peut pas imputer une action à qui n'a pas eu tout le pouvoir & toute l'occasion d'empêcher qu'elle se fit ou non. *PUFFENDORFF de J. N. & G. L. I. C. V. §. 5.* Or je demande s'il a été dans le pouvoir de la Régence d'Angleterre ou de la Nation Angloise, que les violences éxercées en pleine mer par les Capres ou autres se fissent ou non? Il est évident, que non. Il est donc question seulement, si la Régence d'Angleterre manque à son devoir de découvrir & de punir ces excès, pour en donner de l'horreur; je passe à ce Point.

§. XV. Je crois avec vous Mr., qu'il seroit utile que les Anglois trouvassent bon „ de promettre des primes à ceux qui découvri- „ roient les violateurs des Traités, & d'en punir „ quelques-uns suivant l'Article XIV. du Trai- „ té: Mais considérez s'il vous plaît, que cela seroit utile à l'égard de tous les crimes, aussi-bien qu'à l'égard de la violation des Traités, & pourtant on n'en fait rien chez les peuples les plus poli- cés; Il doit sans doute y avoir de fortes raisons qui les en dissuadent & les bornent seulement à des cas singuliers. Je ne veux pas décider, si ce que vous proposez ici comme pratiquable en gé-

G 2

né-

néral, s'accorde avec la forme du Gouvernement
d'Angleterre, & l'économie particulière de leur
Pratique, infiniment différente de la nôtre;
Mais je vous dirai, Mr., qu'une Nation n'a pas
droit de juger de ce que l'autre doit faire, pour
prévenir, découvrir, poursuivre, & punir les
crimes. Tout ce que nous pouvons prétendre
dans le cas présent, c'est que ces Anglois qui
nous maltraitent, soient poursuivis & punis selon
les loix & la Pratique usitée en *Angleterre*. Si
cela n'arrive pas, nous avons raison, non seulement de nous plaindre, mais je le répéte encore, d'en venir à une guerre légitime. La
question se réduit donc à sçavoir, si nous pouvons prouver de pareilles injustices, pour imputer tout à la Nation entière, ou son gouvernement.

§. XVI. Mais voyez-vous Mr., les Anglois
font ce que vous desirez. La Régence promet
des Primes & donne liberté de punition aux dé-
nonciateurs. Il n'y en a que trop. Les Pri-
sons fourmillent de Capres, & il ne tient qu'à
vous, d'aller en Angleterre, convaincre les
coupables, de les voir punir, & de retourner
satisfait dans votre Patrie. On vous l'offre;
& si vous en doutez, Mr. le Colonel YORK
vous en peut donner l'assurance nécessaire. Que
demandez-vous davantage? Que cela auroit
dû se faire plûtôt? Mais qui peut demander,
qu'une Puissance passe à des moyens extraordi-
naires

naires & inusités sans la plus grande nécessité? Peut-on croire que nous autres Hollandois ferions si complaisans, de changer le train de notre Pratique pour l'amour des plaintes de quelques étrangers? Ne citerions-nous pas nos Loix, nos privilèges, nos coûtumes, pour preuve que nous faisons tout ce qui est dans notre pouvoir? Qu'il ne dépend pas de nous que les causes soient décidées autrement? Cette considération nous doit convaincre, que vous faites peu de cas par rapport aux Anglois de cette loi d'or: *quod tibi non vis fieri, alteri ne feceris.*

§. XVII. Les exemples que j'ai allégué, doivent vous convaincre Mr., que c'est fort mal fait d'imputer à la Nation & à la Régence Angloise en général, le traitement dont nous nous plaignons, *clochent,* selon votre opinion. Je ne vois rien à y opposer. On n'a qu'à lire, pour voir au premier coup d'œil, que vous avez mal pris le sens de ces exemples, & que vous les avez représenté de travers. Il faut que je m'arrête un peu plus aux mots suivans de votre *Second Mémoire* §. VII. „ Nous ne répon-
„ drons pas à ce que notre Jurisconsulte *Hol-*
„ *landois* avance, que quelques-uns de ses
„ Compatriotes étoient de complot avec les
„ Capres Anglois, & qu'il y avoit eu un tems,
„ où nous avions fait à d'autres Nations ce que
„ les Anglois nous font maintenant essuyer;

 „ avant

„ avant qu'il ait prouvé ce qu'il avance si *in-*
„ *considérément*: mais nous nous asseurons par
„ des raisons très-bien fondées, qu'il ne le
„ pourra jamais.   Il semble que nous vivons
„ dans un siécle où on peut noircir librement
„ sa propre Nation, pourvû seulement que
„ l'on défende les Anglois". Ces derniers mots
sont trop durs, pour que vous ne conveniez
pas que c'est une grande imprudence de votre
part de les avoir produit.

En 1614. un certain *Lambert*, qui avoit le
Commandement de quelques Vaisseaux de guerre pour couvrir la pêche, s'étoit rendu coupable d'avoir exercé des violences à *York* en *Ir-*
lande.   Ses gens avoient ravi beaucoup d'effets,
entre autres pour 6000. Liv. St. appartenans à
un certain *Thomas Boothby* Marchand de Londres; Un certain *William Smith* fut mutilé &
il y eut plus de 40. Sujets de la *Grande Bret.* de
tués.   Les plaintes en furent renouvellées à l'E-
tat de tems en tems   Enfin la cause fut décidée en 1617. à payer 1000. L. St. à *Thomas*
Boothby pour la perte de ses effets, & 200. L. à
William Smith, pour la perte en son Corps.

En 1616. Les Vaisseaux de guerre de l'Etat,
envoyés pour couvrir la pêche, amenèrent à
Rotterdam & à Delft 82. Sujets de la *Grande-*
Bret. & les traitèrent en Pirates, quoique ces
gens fussent envoyés en *Irlande*, par le Cheva-
lier *Thomas Philips*, sous le Commandement
de

de l'Enseigne *Andreas Westcoate*, pour lever un certain *Saverly Macdonald* dans l'Isle de Rasslings, qui s'étoit rendu coupable de mutinerie. Non seulement on ôta à ces Anglois tout ce qu'ils avoient, mais on les maltraita fort, chemin faisant; aussi-bien que pendant leur arrêt: lorsqu'ils furent absous, & qu'ils dévoient retourner en Ecosse, ceux qui furent envoyés de Delft à Rotterdam, pour s'y embarquer, étoient liés ensemble comme des criminels, & l'Enseigne Westcoate fut mené les fers aux mains. Les Anglois s'en étant plaint, l'Etat répondit: qu'on l'avoit fait contre ses Ordres; & les intéressés & Directeurs de la pêche s'excuserent en disant: que sans cela, ils n'auroient pu appaiser le peuple.

En 1617. Le Duc *Lenox* Amiral d'Ecosse avoit envoyé, sur les Ordres du Roi de la *Grande Bretagne*, un *John Browne*, avec un Vaisseau Royal, pour demander aux pêcheurs les droits ordinaires. Ce *Browne* ayant eu la même Charge l'an précédent, avoit été renvoyé avec un refus; pour lors il eut ordre, de faire un registrement formel en présence de témoins en cas de refus, sans se brouiller aucunement. Browne étant venu à bord d'un des Vaisseaux de guerre de l'Etat, & ayant exhibé ses ordres au Capitaine *Andries Clef*, celui ci répondit: qu'il avoit ordre de Hollande, de ne rien payer. Là-dessus Browne allant faire son enregistrement, il vint à bord de ce Vaisseau *Jan Albertsoon* Capitaine d'un autre Vaisseau Hollandois, qui demande à l'Anglois: s'il ne s'appelloit pas *John Browne*, celui-ci ayant répondu que oui, il lui montre un ordre, de le mener prisonnier en Hollande, ce qui fut éxécuté. Cette affaire fit tant de bruit en Angleterre, que sans la prudente conduite de ceux qui avoient alors les rènes du Gouvernement en Angleterre, il se seroit allumé une guerre entre les Anglois & nous, dont l'Espagne auroit pu cueillir de beaux fruits, pour nous remettre de nouveau sous sa Domination.

J'ai allégué ces trois cas, qu'on peut lire au long *in the Lettres, fromand to Sir Dudley Carleton, during his Ambassady in Holland, from Januarii* $161\frac{5}{6}$. *to Dec.* 1620. parcequ'ils prouvent évidemment, que nous avons non seulement donné sujet de plaintes à d'autres Nations, mais même à la Nation Angloise, qui a eu des plaintes à faire de beaucoup plus grand poids que celles que nous poussons maintenant de notre côté. Car qu'y a-t'il de plus offensant, & de plus contraire au Droit des Gens, que d'éxercer des violences sur le territoire d'une autre puissance, ravir les effets, tuer les habitans, d'enlever & traiter comme des Pirates, des gens au service du Roi, de les emprisonner, d'emmener prisonnier de ses Côtes, même un Officier, qui sur les Ordres de son Maître, vient

de

de bonne foi demander quelque chofe ? & ce
ne font pas des Capres qui le font, mais des
Vaiffeaux de guerre. Je ne fçai pas, s'il y a
d'offenfes plus grandes & plus fenfibles qu'une
Nation puiffe faire à l'autre. Peut-être ces hi-
ftoires ne font-elles pas vraies, puifqu'il n'en
eft pas fait mention dans l'Hiftoire de *notre Patrie ?* Un autre en feroit plûtôt la conclufion,
que cette Hiftoire eft fort défectueufe, parce-
quelle ne fait pas mention de chofes, qui ont
été durant quelques années l'objet des Négo-
ciations continuelles de l'Etat. Pour vous convaincre encore plus Mr., que je n'en ai pas agi
fi inconfidérément que vous voudriez bien le
faire accroire, voici quelques cas qui ont rapport aux plaintes d'àpréfent.

Le Capitaine *François Goudappel* allant *d'Amfterdam à St. Euftache,* fut pris, mené à Anti-
goa & declaré de bonne prife; il écrivit aux
propriétaires, que tout alloit bien, jufqu'à ce
que l'honnête Charpentier, qu'ils lui avoient
recommendé, pouffé par le remords de fa con-
fcience découvrit le lieu fecret qu'il avoit trouvé, pour cacher les papiers François. Le Capitaine fut donc mal-traité, & le Vaiffeau con-
fifqué. Qu'en dites-vous Mr., eft-ce-là une
action d'un honnête Hollandois? Il y a quelques Mois qu'un certain Marchand donna à plufieurs Perfonnes de Confidération les plus fortes
affeurances, qu'il n'avoit aucune Commiffion

G 5

pour

pour les François; pendant que son Vaisseau le *Phœnix* fut chargé de Canons & autres Munitions de guerre à l'Isle d'Aix, pour aller aux Isles Françoises en Amérique. Faut-il compter cet homme entre les *plus prévoyans & les plus honnêtes Marchands* dont vous parlez? Mais voici encore un cas: Un bateau nommé la Bourse de Rotterdam, avec 40. *Hollandois* à bord, est envoyé à Nantes, où un grand Vaisseau François appellé pareillement *la Bourse de Rotterdam* l'attend, prend à bord les Hollandois avec les papiers & fait voile vers St. Domingue, où la Charge fut vendue. Ce Vaisseau est retourné à Rotterdam avec une riche charge de Sucre &c.; il est encore à Rotterdam où vous le pouvez acheter à fort bon marché, si vous voulez risquer de mettre en mer un Vaisseau *François* sous un nom Hollandois pour aller à St. Domingue. Je passe certains tours, comme le prétexte de manque d'eau, après avoir vuidé à dessein les tonneaux pour être nécessité d'entrer dans l'un ou l'autre Port; ou de l'enlevement d'un même Vaisseau, dans des Ports différents, en peu de tems, comme il est arrivé avec le Vaisseau la Demoiselle *Gertruid Adriana*. Mais sur ce que vous dites §. XIII. de votre *dixieme Mémoire* ,,nous aurions mauvaise grace de nous plaindre &c.'' il faut que j'ajoute encore, que les Marchands dont je viens de parler, sont du nombre de ceux qui furent

der-

... l'Audience de S. A. R. Je de-
... ... cet article, si ses mauvaises
... quelques personnes avides de gain
... pouvoir causé la perte que souffrent
... d'autres honnêtes gens?

§. XVIII. Je vous trouve bien prévenu en
votre ... pour penser, ... que la peine que
... trouvé à réfuter vos preuves étoit ap-
... la principale raison qui ne ...
... fait répondre un seul mot à ce que
... dites depuis la pag. 1. jusqu'à la ... que
... nommez la plus grande & la plus con-
... place de votre Ier. *Mémoire* &c S.
... n'y a rien à répondre. — Où il n'y a pas
seulement une apparence de preuve, on
... besoin de réfuter les preuves. Voilà
... de la vraie raison Mr., pourquoi j'ai
... tout ces *pages nonsidérables*, les ayant
... ... ça & là, autant que je l'ai
jugé nécessaire. On n'a qu'à ouvrir les yeux,
... que les §§. XI. XII. XIII. XVII.
... de 7 ... *Mémoire* renferment
... parfaite réfutation de ce que vous nous
... comme la partie la plus considérable de
... Ier. *Mémoire*. Mais nous ne sommes
... être pas d'accord sur ce qu'on appelle *preu-*
ve & *démonstration*. ... preuve peut-être
... preuves, de simples Points de question, des
... de fausses citations &c.; en ce Cas,
... il y a ... de preuves dans la plu-
con-

confidérable partie de votre 1er. *Mémoire* que de Regles; Mais fi l'on entend par preuves, un raifonnement où la vérité d'une propofition eft déduite, & démontrée par des vérités connues & inconteftables, il ne fe trouve pas une feule preuve dans tout votre 1er. *Mémoire*, & je vous défie de m'en alléguer une feule.

§. XIX. Notre différend, dites-vous, eft principalement fur le fens des deux premiers Articles du Traité de 1674. Eh bien donc, que faut-il pour en fixer le vrai fens? Qu'on le dérive des vérités connues & inconteftables. Quelles font ces vérités? Les Régles immuables fuivant lefquelles il faut qu'on explique les Traités. Vous parlez dans votre deuxième Mémoire de ces Régles, comme fi jamais il n'avoit rien été traité de cette matière, fçavoir, de l'explication des Traités. Et quoique pour les Régles que j'ai alléguées, je vous renvoye dans mon *Antidotal-Mémoire* à GROTIUS & PUFFENDORFF, ,, Il nous le donne dites-vous com- ,, me autant *d'Axiomes* qui n'ont pas befoin ,, d'être prouvés &c. " Cette Période ne marque-t'elle pas une parfaite ignorance de ce qui eft connu, qu'on peut fçavoir & éxaminer partout, & dont quiconque eft inftruit & convaincu, ayant la moindre teinture de la Jurisprudence, telle qu'il eft requis dans notre différend, fuivant votre propre aveu? Il eft vrai, je n'ai pas démontré les Régles, que j'ai allé-

guées;

guées; j'ai renvoyé le lecteur à GROTIUS &
PUFFENDORFF, c'est dans ces Ecrivains,
& ailleurs qu'on les trouve expliquées ; ou
serions-nous dans un tems, où Grotius &
Puffendorff seroient estimés pour de vains Ecrivains, & tous les Principes de Droit pour de
pures chimères, lorsqu'il s'agit d'un Traité entre les Anglois & nous? Il me seroit fort aisé de
vous rendre ici toutes les belles expressions dont
votre *deuxiéme Mémoire* est farci, entre lesquelles je compte celles-ci : „ Mr. le Jurisconsulte
„ auroit bien fait de se faire mieux instruire,
„ avant que d'entreprendre de nous réfuter ...
„ en quoi il montre son ignorance à sa propre
„ honte... Mais il auroit dû se faire instrui-
„ re de choses généralement connues &c. "
nous pourrions répondre à toutes ces politesses
avec bien plus de raison, que Mr. l'Ecrivain de
Mémoires, devoit se faire instruire dans les principes de Droit, avant que d'entreprendre d'é-
crire sur l'explication des Traités, *en quoi il*
montre son ignorance & sa propre honte.

§. XX. Dans le X. & XI. §§. vous raportez
d'une manière courte & distincte le contenu du
Traité. Je n'y trouve rien à dire. Nous sommes d'accord de ce que nous raisonnons *sur un*
Traité de Marine, où il s'agit uniquement de
Navigation & de Commerce; mais nous vous
disputons, que dans la liberté de Navigation en
général, il soit compris, de donner à louage
des

des Vaiſſeaux pour toutes les Places &c. : nous jugeons, qu'il faut excepter, de ne pas donner des Vaiſſeaux à louage aux Ennemis des Alliés. Je vous diſpute la poſition générale, que ſuivant le VIII. Article, toutes les Marchandiſes & effets ſoient libres, à bord d'un Vaiſſeau Hollandois &c., & je le borne aux conditions marquées dans le §. 25. de *l'Antidotal-Mémoire.*

§. XXI. Sur ces principes que vous poſez généralement, & que je conteſte généralement, vous pourſuivez dans les §§. XI. & XIII. de dériver du ſens littéral du Traité, que nous avons la liberté de faire ce que nous faiſons; j'avoue, que ſi l'affaire pouvoit être décidée par un pareil raiſonnement, je n'aurois plus rien à dire. Mais comment prouvez-vous que vos deux poſitions doivent être reçues comme vous le voulez? C'eſt de quoi vous ne vous ſouciez point. Je dis donc encore, comme j'ai dit dans *l'Antidotal Mémoire, que vous ne prouvez rien du tout.* Je remarque en particulier dans votre *explication plus juſte,* que vous vous contentez de la lettre, ſans prendre garde aux vûes, au deſſein, au ſens qu'on doit avoir pour objet, & ſon examen. Voyez PUFFENDORFF de Offic. hom. & civ. L. 1. Cap. XVII. de J. N. & G. L. V. Cap. XII. GROTIUS de J. Bat. P. L. II. C. XVI. COCCEJI Grotius Illuſt. I. Diſſert. Proem. VII. C. I, Sect. III, §. 51. Heinneccii *heccius in Grot. l. c. in ejus Op. T. VIII. p. 944. in Puffend. eod. Vol. p. 170. & seq.* L'explication des Traités n'est rien autre chose, qu'examiner quelle étoit la volonté & la vûe de ceux qui ont traité: cette volonté est marquée par des paroles, ces paroles doivent donc être expliquées non seulement selon leur signification propre; mais aussi suivant la volonté qu'on a voulu exprimer par elles. *Recte interpretationis mensura est collectio mentis ex signis maxime probabilibus. Ea signa sunt duum generum, verba, & conjecturæ aliæ; quæ aut seorsim considerantur aut conjunctim.* C'est ainsi que dit Grotius L. II. C. XVI. Et même faut-il plus regarder aux vûes & à la volonté, qu'aux paroles, suivant cette sentence attribuée au Premier Rheteur Romain: *In fide quid senseris, non quid dixeris censendum.* Ce qui s'accorde parfaitement avec Puffendorff de Jure N. & G. L. 1. Cap. XII. §. 2. Et vous même vous désaprouvez dans votre 1er. *Mémoire*, que les Anglois s'amusoient uniquement à l'explication trop littérale de ce passage. *Cette liberté de Navigation & de Commerce.....se doit étendre à toutes les Marchandises qui jamais sont transportées en tems de paix : & qu'ils séparent ce passage de ce qui en fait une partie, & qu'ils le considèrent séparément de ce qui précède & de ce qui suit.* Voyons donc Mr. si nous n'avons pas raison de vous faire des reproches. Votre raisonnement revient toujours à ce sens.

1. Le

1. Le I. Article du Traité parle généralement, par rapport aux Places: par conséquent nous avons toute liberté de naviger à toutes les Places, à l'exception, des bloquées, assiégées.

2. Le II. Article du Traité parle généralement, par rapport aux Marchandises, nous avons donc toute la liberté de commercer avec toutes sortes de Marchandises, excepté de la Contrebande.

3. Les mots: *se doit étendre &c.* n'ont pas été mis pour restreindre la liberté de Commerce, mais pour l'étendre; ils ne peuvent pas servir à contester la liberté générale de Commerce & de Navigation.

(VIII.)

MEMOIRES
POUR SERVIR A
L'HISTOIRE
DE NOTRE TEMS,

PAR RAPPORT AUX DISSENTIONS PRE-
SENTES ENTRE LA GR, BRET. ET
LA REP. DES PROVINCES
UNIES.

(VIII.)

SUITE DE L'INTENTION FAUSSE ET
DETESTABLE DE L'AUTEUR
DU MIROIR CLAIR.

D'où concluez-vous, je vous le demande, Mr., à un sens général & sans bornes, de la liberté de Navigation & de Commerce? N'est-ce pas de l'explication, littérale des mots? Il paroît clair comme le jour, par tout le contenu des pages importan-tes de votre I.er *Mémoire* de 2. jusqu'à 9. D'où concluez-vous que votre idée s'accorde avec les vûes des Contractans? toujours de l'expli-cation littérale des mots. Ce qui se prouve par ces passages de votre I.er *Mémoire: Quicon-que a lu le Traité de Marine de* 1674. *avec quelque attention, sait que le but....* Le but de *du Traité de* 1674. est découvert clairement dans le I. Article &c. on ne doit pas perdre de vûe que le but &c. Il est clair, que les auteurs du Traité de 1674. n'ont pas voulu laisser la moindre obscurité par rapport à cela &c.

A considérer tout votre raisonnement, quelle est donc votre réponse à la demande : *par où prouvez-vous le sens & le but du Traité? PAR LA LETTRE DU TRAITE'. Par où prouvez-vous, que la lettre du Traité doit être prise dans ce sens? PAR LA LETTRE DU TRAITE'. Mais je demande, pourquoi vous donnez cette signification aux mots en question, & non pas une autre? PUISQUE LA LETTRE DU TRAITE' N'EN SOUFFRE PAS UNE AUTRE. Mais comment prouvez-vous que la lettre ne souffre pas une autre signification? PAR LA LETTRE DU TRAITE'.* Votre *premier Mémoire* ne contient pas la moindre recherche sur ces *Conjecturæ aliæ*, dont Grotius traite si amplement. Et pourtant la répétition continuelle de dire : *qu'il étoit clairement demontré par le Traité,* c'est ce que vous voulez nous donner pour des preuves.

§. XXII. Après avoir traité fort succinctement de ce que vous appellez des preuves, vous passez à l'examen des six Régles que j'ai donné. Vous avez la complaisance de convenir, *que* le *Iere.* Régle, sçavoir : *que de l'explication des Traités, ne doive pas suivre d'absurdités,* vous m'obl

gez fort; Mais pour ne pas prendre ce qui
n'eſt pas à moi, il faut que je vous diſe, que
vous la pouvez trouver dans GROTIUS *de J.
B. ac P. L. II. C. XVI. §. 12. 16. 22.* Et dans
PUFFENDORFF *L. I. C. XVII. §. 6. II. de
Offic. h. & Civ. & L. V. C. XII. §. 8. 9.* Et
dans HEINECCIUS, *Prælect. in Grot. Puffend.
l. c.,* Mais, ajoutez-vous, quelle abſurdité y
a-t'-il donc dans notre explication? Celle-ci
ſelon notre Jurisconſulte &c, Et là-deſſus,
après avoir attribué à mes Paroles tout un autre ſens que je n'ai prétendu, vous faites un
raiſonnement, qui, avec votre permiſſion, eſt
plein de fauſſetés. Dans l'Antidotal Mémoire
il eſt dit: *que la Grande Bretagne tâche de ruiner le Commerce de la France & nous tâchons de
le favoriſer par notre explication du Traité.* Eſt-
ce là en agir ſincèrement? où eſt-il dit *que
nous tâchons de favoriſer & d'aſſeurer tout le
commerce de la France?* Eſt-il queſtion ici,
*ſi l'Angleterre a un deſſein qui ne pourra pas
ſ'éxécuter &c.* comme vous jugez à-propos de
tourner le ſens de mes paroles? Ne remarquez-
vous pas que vous agiſſez contre vous-même?
Je demande, 1°. ſi le Traité ne regarde pas le
cas de guerre? 2°. Si la guerre ne comprend
pas l'empêchement du Commerce de l'Ennemi?
3°. Si votre explication ne nous donne pas la
liberté de ſoûtenir ce Commerce? Et 4°. s'il
n'eſt pas abſurde de mettre ces 4. choſes à

la

la fois? je vous demande une réponse à cela.

§. XXIII. Vous convenez aussi de la deuxiéme Régle, *qu'il faut expliquer les Traités conformément aux vûes de ceux qui les ont conclus.* Nouvelle Obligation que je vous ai, aussi-bien que PUFFENDORFF, que j'ai suivi dans son *L. I. C. XVII. §. 8. de Off. hom. & Civ. & L. V. Cap. XII. §. 10. de J. N. & G.* Et GROTIUS qui m'éclaire dans les endroits susmentionnés §. XXI. Mais pour éluder cette Régle, vous dites, ,, nous ne *voulons* pas assûrer le Commer-,, ce des François en général, nous n'avons pour ,, *objet* que notre propre avantage de *quelque* ,, Commerce, ou pour mieux dire de *tout* Com-,, merce permis avec la France, des Marchan-,, dises, & aux Places uniquement où la Navi-,, gation & le Commerce sont permis & libres ,, selon le Traité ". Mais permettez-moi que je vous montre, que, lorsqu'on raisonne des vûes des Contractans, il est tout-à-fait hors de de propos de les attribuer à ce qu'on *veut* ou à ce qu'on *a pour objet présent.* L'Examen doit aboutir à ce que les Contractants ont *voulu & ont eu pour objet* en concluant le Traité. Prouvez que le but du Traité de 1674. étoit que la Puissance qui demeureroit en paix auroit la liberté d'assûrer le Commerce de l'ennemi contre l'autre qui est en guerre. Ce que vous dites *de l'objet de propre avantage &c.* est *peti-*
tio

tio principii, Répétition de ce sur quoi on dispute. Vous parlez de *tout Commerce permis*, de la *Navigation & du Commerce libre suivant le Traité*; & nous disputons sur ce que c'est que Commerce permis, & quelle Navigation & quel Commerce sont libres suivant le Traité.

§. XXIV. La 3me.) Régle, „ *qu'en cas d'obscurité il falloit éxaminer*, *quelles pourroient* „ *avoir été les vûes des Contractans*, passe aussi dites-vous; Mais, ajoutez-vous, il paroît par les termes bien clairs du Traité même, que les deux Puissances &c. Encore *petitio principii*, toûjours *la lettre du Traité* pendant que nous sommes en haleine sur *Conjecturæ alia*, sur le sens & la signification *des termes clairs du Traité*. Ecoutez TITIUS dans les notes A PUFFENDORFF de offic. hom. & civ. §. 420. „ Cependant il faut qu'on entende no- „ tre Auteur ainsi; que sur les Circonstances qui „ ne sont pas exprimées par les mots on fasse „ des Conjectures, & Obs. 422.“ *Outre les* „ *mots* il y a peut-être plusieurs circonstances, „ & il y en a ordinairement, dont on peut re- „ connoître la volonté. “ GROTIUS n'en parle pas moins clairement L. II. C. XVI. §. 20. lisant: *Est & aliud interpretandi genus*, *ex conjecturis* EXTRA SIGNIFICATIONEM VERBORUM. Ces personnes ont-elles bien pensé en écrivant cela, ou est-ce que nous vivons dans un tems où tous les raisonnemens de Droit

H 3

sont

sont pris pour des songes, aussi-tôt qu'ils ne favorisent pas notre cause ou notre opinion?

§. XXV. Vous acceptez pareillement la 4me. Régle, *que l'explication des Traités comme celui de 1674. doit être telle que l'égalité soit observée entre les deux parties contractantes.* Elle est pareillement comme les précédentes reconnue de GROTIUS *de J. B. ac P. L. II. Cap. XVI.* §. 10. PUFFENDORFF *de offic. hom. & civ. L. I. Cap. XVII. §. 9. de Jur. Nat. & Gent. Lib. V. Cap. XII. §. 12.* & elle a été bien illustrée par un Ecrivain moderne, Mr. de VATTEL dans son Ouvrage *du Droit des Gens* L. II. Cap. XVII. §. 301. Mais vous bornez l'égalité à un Droit de tirer le même avantage dans un semblable cas : le Droit réciproque est sans doute une partie de l'égalité; Mais il suit du but de tous les Traités, que ceux qui contractent, ne peuvent pas avoir eu le dessein de s'exposer à un dommage beaucoup plus grand que n'est l'avantage qu'en tire l'autre; Comme dit CICERON de Offic. L. I. C. X. *Nec promissa igitur servanda sunt ea, quæ sint iis, quibus promiseris inutilia: nec si plus tibi noceant, quam illi prosint, cui promiseris:* ce que ce Rheteur dit généralement, a été borné par GROTIUS & illustré par des éxemples. Voyez aussi PUFFEND. de J. N. & G. L. V. Cap. XII. §. 22. Et qui donc voudroit soûtenir, que cette Régle ne soit pas applicable au différend présent,

Tra

Traité ayant pour objet proprement un Commerce & une Navigation libre en cas de guerre; Mais non pas une augmentation, un ac-
croiſſement de Navigation & de Commerce
pour l'un, pendant que l'autre ſeroit fort em-
pêché dans ſa guerre. Il eſt juſte que nous
profitions auſſi à notre tour du Traité. Les
Anglois en ayant profité les premiers dans un
cas pareil; il faudroit nous l'accorder de Droit,
quand même il ſeroit contraire à l'explication
du Traité; Mais ſi cela pouvoit trouver place
ici, on raiſonneroit ſur un tout autre pied,
ſans s'appuyer ſur l'explication littérale du Traité, incompatible avec tout ce qui a jamais paru
ſur l'explication des Traités & affermi par des dé-
monſtrations inconteſtables.

§. XXVI. Nous ne pouvons nullement accorder la 5ᵐᵉ. Régle, dites-vous, qu'en expliquant les Traités, il falloit ſuppoſer *que les choſes ſoient demeurées dans le même état qu'elles
étoient lorſque le Traité fut conclu;* notre Ad-
verſaire continuez-vous, penſe la prouver par
un exemple qui n'eſt pas appliquable à ce différend &c. Mais vous êtes peu exact, toute
cette partie de votre deuxième Mémoire eſt un
amas d'irrégularités. Premièrement, avec permiſſion, il eſt faux, que je donne pour une
5ᵐᵉ. Régle, comme vous l'avancez: *que les choſes ſoient demeurées dans le même état qu'elles
étoient lorſque le Traité fut conclu.* Les mots ſont:

H 4

j'ai

J'ai dit:	Vous le rendez:
Je m'engage à laisser à un autre l'usage de tout-tes mes terres pour une certaine somme d'argent. 3. ou 4. ans après j'obtiens par héritage un grand fond de terre; Cette terre doit-elle aussi être comprise sous celles que j'ai laiss. à un autre?	Nous lui accordons, que quand il donne ses terres *à louage* à un autre pour un certain tems & que pendant ce tems *que dure le louage*, il obtient une autre terre par héritage, celle-ci n'est pas comprise *dans le louage des premieres*

Je vous prie Mr., où est ce que je parle de *louer*, de *louage*, de terres louées? autre irrégularité. Je parle de quelqu'un, qui laisse toutes ses terres en général sans réserve : & sur ce que vous dites il paroît, que si j'avois parlé avec limitation, encore une irrégularité. Voici cet exemple plus clair. A & C. font un Contract, A paye la somme de .... à C. pour laquelle C. laisse à A. l'usage de toutes ses terres, pour marcher dessus à pied, à cheval, avec des voitures, carosses &c. Si donc après la Conclusion du Traité, C. obtenoit par héritage ou autres moyens, plus de terres, croyez-vous, que A. auroit Droit de marcher, voiturer &c. dessus? Vous voyez, que le choix que vous faites ne vaut rien. Je ne parle pas de louage de quelque chose déterminée, mais de laisser l'usage de terres en général, & pourquoi? pour montrer, que toute générale que soit une cession, elle est néanmoins toûjours sujete par rapport à l'objet, aux bornes, que lui peut donner le

sens

fens & les vûes des Contractans. A quoi fer-
vent-donc vos raifonnemens fuivans? ils montrent, que vous combattez votre propre ombre
en réfutant des penfées que vous m'attribuez &
qui naiffent de la fauffe conception & de la manière de donner un fens tout différent à mes
paroles.

Pour être en Droit de rejetter la Régle en
queftion vous devriez l'avoir refuté, je penfe,
ou par vos Arguments ou par quelque autorité.
Mais vous ne faites ni l'un ni l'autre. Eft-ce
donc affez pour fe tirer d'affaire, que de dire
comme vous faites: *Je n'accorde pas cette Régle.* Lifez GROTIUS L. II. C. XVI. §. 13.
Vous y trouverez la chofe illuftrée encore par
un autre exemple. Si quelques favants ne font
pas d'accord avec GROTIUS en cela, c'eft fur
la foibleffe de fa démonftration plûtôt que fur
le fentiment. VATTEL *Droit des Gens* L. II.
C. XVII. §. 296. donne la Régle comme je l'ai
propofée. Vous auriez bien fait de donner une
Raifon au moins, pourquoi vous rejettez la Régle, & vous féparez de la Doctrine reçue?

§. XXVII. Je vous dois faire le même reproche touchant la VI. Régle, *qu'en cas qu'il
y ait de l'obfcurité ou de l'inconvénient dans les
Traités, ils doivent être expliqués plûtôt en faveur de celui, qui y perdroit que de celui qui y
gagneroit.* Vous ne pouvez pas l'accepter dites-vous. Et pourquoi? PUFFENDORFF

H 5

la

la met dans fon J. N. & G. L. V. C. XII. §. 12.
& HEINNECIUS ad Puffend. de off. h. & civ.
L. I. C. XVII. §. 9. dit expreflément : *item majorem femper rationem habendam ejus qui de damno certat, quam ejus qui lucrum captat.*
Refutez ces Auteurs, ou plûtôt renverfez tous les principes de Droit & d'équité. Etes-vous étranger en tout ce qu'ils vous en difent? Que penfera-t-on de votre fçavoir? Non Mr., l'intérêt des Anglois ne me touche pas d'avantage que celui de ma Patrie ; je préférerai toûjours celui-ci ; mais non pas au point, qu'entraîné par les préjugés, je ferme les yeux aux devoirs que le Droit & l'équité éxigent de moi; que je rejette des maximes du Droit le plus pur, qui n'ont jamais été revoquées en doute des vrais Savans. Il n'eft pas néceffaire d'en dire davantage fur cette partie de votre 2me. *Mémoire*; Votre éxemple avec les grains n'eft pas appliquable au Traité, où une liberté & fûreté réciproque de Navigation & de Commerce eft ftipulée. Votre acheteur achete avec la chance de l'un & de l'autre côté; il peut gagner fi le prix hauffe, il eft donc jufte auffi, qu'il fouffre la perte en cas que le prix tombe. Pourquoi donc inventez-vous des cas infiniment différens, pour contredire des vérités connues & pour appuyer votre opinion ? N'eft-ce pas-là faire grand tort aux Marchands que de les vouloir défendre de cette manière ?

§. XXVIII.

§. XXVIII. Je passe les moqueries qui se trouvent dans votre XVIII. §. répondant, que si les
François nous cédoient une certaine branche de
leur Commerce à leurs possessions en Amérique,
nous le ferions & pouvions le faire *en tems de
paix*; & par cette raison il seroit libre & permis
expressement par le Traité, & en ce cas, il n'y
auroit pas dispute sur l'exception que font maintenant les Anglois. Quiconque examine le XIV.
Art. de l'*Antidotal - Mémoire*, ne sera-t-il pas
surpris de la manière que vous y répondez dans
votre prétendue Réfutation? L'empirement de
condition dans la guerre doit - il être causé par
l'Ennemi ou par l'Ami? Que l'Angleterre perde
son Commerce avec la France, cela vient de la
guerre: Mais que les François soient soûtenus de
nous dans leur Commerce, soit en entier soit en
partie, cela est un préjudice pour les Anglois,
qui leur vient de leurs Amis: Ce dernier me
semble être contraire au Traité, & je le prouve;
Mais qu'est - ce que vous faites pour le réfuter?
des railleries, sous la faveur d'une tournure ma-
ligne que vous donnez à mes paroles.

§. XXIX. Comment ne pourrois - je m'étendre sur votre XXme. §. où vous honorez, ce
que j'ai dit du Négoce, du nom d'une Description
sans qu'il le mérite; où vous parlez de mes
défauts en fait de Négoce, ajoûtant avec prévoyance: *que le cœur ne vous disoit pas de vous
y arrêter* quoique vous l'ayez fait espérer à vos

Lecteurs

Lecteurs dans le IV. §.   C'est peut-être pour
prouver que je fuis moins au fait du Commerce que Vos gens de Comptoir, qu'immediate-
ment après vous dites: *que je diftinguois jufte-*
ment Commerce & Navigation; „Mais, con-
„ tinuez-vous, il penfe que la Navigation
„ marquée dans le Traité n'eft permife, que
„ *parceque le Commerce ne fe peut pas faire fans*
„ *elle*". Mais montrez moi donc, mon cher
Mr., où j'ai dit ou écrit ce que vous mettez ici
fi bonnement fur mon compte? Voilà mes paroles.   „ Il feroit inutile de s'étendre ici fur
„ la Navigation comme Navigation, puifque
„ les Anglois ne nous difputent la Navigation
„ que par rapport au Commerce qui fe fait
„ par ce moyen; il ne s'agit donc ici que de la
„ liberté de Navigation qui eft néceffaire au
„ Commerce comme un moyen fans lequel on
„ ne fauroit parvenir à cette fin.   Il faut donc
„ examiner quel Commerce a pu être l'objet
„ du Traité".   Ces mots donnent-ils le moindre fujet à m'attribuer l'opinion: que la Navigation marquée dans le Traité n'étoit permife,
que parceque le Commerce ne fe pouvoit pas faire
fans elle? N'eft-ce pas-là changer mes paroles? n'eft-ce pas d'autre côté une vérité incon-
teftable, que les Anglois n'empêchent notre
Navigation, qu'à caufe du Commerce qui fe
fait par ce moyen? Que dirai-je, avec tout le
monde de votre façon de difputer? vous n'en
de-

demeure pas là, & comme si ce n'étoit pas af-
sez d'avoir défiguré d'une manière si marquée
ce que j'avois dit, vous ajoutez encore : „ & il
„ en tire la conclusion, qu'aucun autre Com-
„ merce n'étoit permis, que celui dont il fait
„ mention dans sa description purement arbi-
„ traire, & enfin il établit, que le transport des
„ Marchandises Françoises & le louage de nos
„ Vaisseaux aux François n'étoit pas permis sui-
„ vant le Traité. „ Ce qui en d'autres termes
„ veut dire autant que si le VIII. Article du
„ Traité, qui permet le transport des Marchan-
„ dises ennemies dans les Vaisseaux amis, étoit
„ tout-à-fait superflu, ou qu'il devoit être
„ borné à la description arbitraire du Négoce
„ en général, dont il a plû à Mr. le Jurifcon-
„ sulte de nous régaler„. A peine pouvois je
m'en rapporter à mes yeux en lisant cela. Quoi!
vous imaginez-vous Mr., que toute la République de Hollande n'est composée que d'enfans,
d'ignorans, d'aveugles & de sots qui ne s'ap-
percevroient pas combien vous mésusez de la
bonne foi? ce que vous dites, que *je tire là*
conclusion &c. que j'établis &c. est destitué de
toute apparence, ne se trouve non seulement
nulle part dans mes paroles, mais il est directement contraire aux passages les plus clairs
de l'*Antidotal - Mémoire* que vous citez, duquel
si vous lisez la pag. 15. & que vous la compariez
avec ce que vous avez écrit là-dessus, vous
serez

ferez peut - être furpris des abus que vous faites.

§. XXX. Le XXI. §. de votre 2.me. *Mémoire* donne un éxemple de ce qu'on doit entendre fous *Traité de Commerce* & *Traité de Marine.* Je ne m'y arrêterai pas, cependant je remarque-rai, qu'il ne s'y trouve rien, qui ne revienne à ce que j'ai dit fur le Négoce. Mais dans le XXII. §. vous tâchez de montrer que je n'en-tends pas le Négoce, puifque je ne regarde pas, le transport des Marchandifes comme une branche de Négoce, & je ne le regarde pas ainfi, parceque *je ne comprends pas dans ma definition du Com-merce le louage de nos Vaiffeaux.* „ Et Mr. le „ Jurisconfulte nous défendroit de donner nos „ Vaiffeaux à louage aux François, pour jufti-„ fier fa définition du Commerce, dans laquel-„ le il ne comprend pas le louage des Vaiffe-„ aux!“ je laiffe à juger aux Lecteurs, fi c'eft une marque d'ignorance en fait de Négoce, fi conformément au Traité, je ne compens pas le louage des Vaiffeaux dans le Commerce dont il eft queftion; fi je regarde le louage des Na-vires comme un moyen particulier pour ga-gner de l'argent: L'effentiel entre vous & moi, eft, felon vous, que le louage des Vaiffeaux en général, apartenant au Négoce, on le com-prendroit auffi dans la liberté du Négoce, que donne le Traité. Mais fuppofé, que le louage des Vaiffeaux puiffe être compris fous ce qu'on

ap-

appelle Négoce, s'enfuit-il, que le louage des Vaiſſeaux aux François doive être entendu ainſi, que leurs Marchandiſes, leur Commerce ſoient libres auſſi par la liberté du Vaiſſeau? je ſçai fort bien que les Entrepreneurs des Vaiſſeaux & les Négocians ne ſont pas toûjours les mêmes perſonnes. Je ne m'imagine pas, qu'en concluant le Traité, on ait regardé ſeulement aux derniers, & point du tout aux premiers, qu'autant que l'intérêt de ceux-ci va de pair avec l'intérêt de l'autre. Mais quand je poſe la liberté de Navigation tant pour propre Marchandiſe, que pour Marchandiſe ennemie de nos Ports, aux Ports ennemis, cela ne comprend-il pas auſſi la liberté de louer des Navires? à l'exception pourtant de la partie de cette liberté, par laquelle le louage des Vaiſſeaux aux François ſe feroit directement ou indirectement, pour aller d'un Port François à l'autre. Encore plus, je vous accorde, qu'on ait eu ſoin en particulier dans le Traité de cette branche de Négoce appellé louage des navires, je comprends, qu'on le peut ſoûtenir de notre côté, s'enfuit-il, que la liberté de louer des Navires auroit la vertu, de rendre libre auſſi la Marchandiſe, parceque le Vaiſſeau eſt libre ? Je crois, que non. Le principal objet des Puiſſances contractantes eſt l'aſſûrance de leur Commerce & Navigation, & non pas le Commerce & la Navigation de l'Ennemi. Les François

louent

louent un Vaiſſeau, le chargent pour leur propre Compte dans un Port François, pour le
décharger dans un Port François; le Vaiſſeau
eſt pris, la charge confiſquée & le Vaiſſeau relâché: fait-on tort ici au louage des Navires.
Ceux qui ont loué le Vaiſſeau ne ſont-ils pas
obligés à dédommager le Marinier, & de payer
le transport? Voulez-vous le prendre autrement
& ſoûtenir qu'ici on doit entendre *Vaiſſeau libre Marchandiſe libre*, j'y réponds, que perſonne ne pourra montrer que cela ait été le but
des Contractans, & qu'il ne peut être: & pourquoi? par les raiſons alléguées dans *l'Antidotal-
Mémoire*.   Car quelle différence y auroit-il
donc entre la Navigation & le Commerce qui
nous ſeroit accordé, & celui de l'ennemi?
ſeulement que les François ne pourroient pas
Naviger & faire commerce avec leurs propres
Vaiſſeaux mais avec des Vaiſſeaux loués.   J'a-
voue ſincèrement qu'il eſt au deſſus de ma connoiſſance, ſi cela ſe peut accorder avec la lettre
& le but du Traité.   Ce que vous dites encore
§. XXIII. des mots, *louer* des Commiſſionai-
res, me fait hauſſer les épaules.   N'y a-t-il
pas de la différence entre donner, & prendre à
louage des Vaiſſeaux, entre acheter & vendre,
recevoir & envoyer? Nommez Négocians toutes les perſonnes qui font cela; Les faits ne
ſont ils pas différents, & ne faut-il pas les
diſtinguer?

(IX.)

MEMOIRES
POUR SERVIR 'A
L'HISTOIRE
DE NOTRE TEMS,
PAR-RAPPORT AUX DISSENTIONS PRE-SENTES ENTRE LA GR. BRET. ET LA REP. DES PROVINCES UNIES.

(IX.)

SUITE DE L'INTENTION FAUSSE ET DETESTABLE DE L'AUTEUR DU MIROIR CLAIR.

§. XXXI.

Je laisserai pareillement au jugement des personnes entendues, lequel de nous deux de vous ou de moi a manqué dans l'explication de ces mots: *mais se loit étendre à toutes les Marchandises qui jamais ont transportées en tems de paix*; je vous demande seulement, quelle différence vous trouvez dans le sens de ces deux expressions; *se doit tendre à tous les bourgeois d'Amsterdam*, ou *se loit borner a tous les bourgeois d'Amsterdam*, en cas que la Ville d'Amsterdam vint à réclamer un ou l'autre pour ses bourgeois. Ces deux

expreſſions, n'auroient-elles pas parfaitemen
un même ſens? Que vous avez donc bonne grace de railler ſur le ſens que je donne ici au mo
d'étendre, *comme s'il avoit la même ſignifica*
tion avec celui de borner "? Et pourquo
donc eſt-il dit *étendre* & non pas *borner*, pour
quoi? parcequ'en traitant d'affaire où l'on ac
corde quelque choſe à un autre, on ſe ſer
avec plus de raiſon du mot d'étendre, que d
celui de borner, vû que le premier renferm
l'idée d'un avantage, & l'autre l'idée d'un dé
ſavantage.

§. XXXII. Après avoir défiguré auſſi mali
cieuſement mes penſées dans vos §§. XXIV. XXV
XXVI. que nous l'avons fait voir cy-deſſus
vous venez enfin dans le XXVIII. à ces mots
qui marquent évidemment combien vous abu
ſez du Traité. *Nous remarquons* 1°, d
tes-vous, que le II. *Article eſt lié fort na*
turellement au Ier. *Dans le* Ier. *Article*
eſt parlé des Places auxquelles on devoit na
viger & commercer. Il étoit donc natur
de parler auſſi des Marchandiſes qu'on pou
roit transporter &c. Si l'on n'avoit pas dé
apris par le cours de ces conſidérations, con
bien vous êtes habile à trouver, dans des écri
des choſes qui n'y ſont pas, & à regarder cell
qui y ſont, comme ſi elles n'y étoient pas, o
ne croiroit pas qu'il fût poſſible de mutiler ain
le ſens d'un Traité. Vous manquez dans to

tes les parties Mr. Le Ier. Article parle généralement de Liberté de *Navigation* & de *Commerce* par rapport aux Places auſſi-bien que des
Marchandiſes; & ſi généralement, qu'il n'y a
pas un mot ni une lettre qui en marque la moindre borne. On y lit : „ A tous & à chacun
„ des Sujets du Très-Illuſtre & Puiſſant Seigneur
„ le Roi de la *Grande-Bretagne* il ſera libre &
„ permis de Naviger, de Commercer & de
„ *faire toute ſorte de Commerce* en toute liber-
„ té & ſûreté. Qu'en penſez vous, Monſ.?
Faire toute ſorte de Commerce, cela ne veut-il
pas dire, de Négocier, Trafiquer en toute eſpèce, tout genre de Marchandiſe quelle qu'elle
ſoit, & tel nom qu'elle ait, aucune exceptée?
Seroit-il donc de ſaiſon de parler immédiatement après, des Marchandiſes qu'on devroit
transporter & desquelles il ſeroit permis de
faire trafic ? ou de celles dont *le trafic & le
Commerce ne ſeroit pas permis?* Mais le II. Article ne fait-il pas des exceptions & des bornes
eſſentielles à ce qui avoit été dit en général des
Marchandiſes; de même que ce qui avoit été
dit dans le IV. Article généralement par rapport
aux Places, a été borné par l'exception des Places Aſſiégées, ou Bloquées? Dans le II. III. &
V. Article eſt-il parlé des Marchandiſes, qui
ſeroient permiſes de transporter, ou de celles
qui ſeroient excluſes ? On n'a qu'à ouvrir les
yeux pour voir, que ces Articles ont été faits,

I 2

non

non pas *pour étendre*, non pas, pour montrer
quelles Marchandises il seroit permis de transporter, comme vous dites ; mais lesquelles i
ne seroit pas permis de transporter. Il paroî
donc évidemment, par la liaison même & pa
la lettre du Traité, que ces mots : *se doiven*
étendre marquent ici essentiellement des born
de ce qui avoit été dit généralement; mais nu
lement une extention de ce qui avoit été born
C'est pourquoi pour réfuter ce que vous av
dit là-dessus, je puis renvoyer le Lecteur à
qui a été démontré dans l'Antidotal Mémoi
§. XX.

§. XXXIII. Vous tâchez d'appuyer vot
opinion par le sentiment de Leurs Nob. & C
Puissances, ajoutant : „ ainsi, il a fort ma
„ vaise grace de donner à un Traité public
„ autre sens que ne lui donnent ses Magistrats
Graces à Dieu nous demeurons dans un pay
où on ne fait pas un crime aux habitans, d
tre quelquefois d'un sentiment différent de cel
de leurs Magistrats ! Cette liberté à ce qu
semble courroit risque, si jamais vous parven
au Gouvernement. Je n'examine pas, po
quoi mes Magistrats prennent cette chose a
trement que moi, ni quelles raisons ils ont
de prendre cette résolution préférablement
une autre. Mais il faut que je remarque i
que parce que vous savez que les Magistrats s
déjà de votre sentiment, & qu'ils ont pris

Résolutions en conformité, il est incompré-
hensible, pourquoi votre *premier Mémoire*, &
aujourd'hui le deuxième ont paru : Est-ce pour
émuer les esprits? pour exciter le peuple &
l'allarmer? Cela seroit non seulement contraire
aux intentions des Magistrats, mais à leurs ordres
exprès.   Les Magistrats n'ont que faire d'un
défenseur de leurs sentiments, vous n'y êtes pas
appellé : Mais la vérité & mon devoir m'ont
appellé à contredire quelqu'un, qui me sem-
oit avoir tout autre chose en vûe que la cause des Marchands.   Et Dieu veuille, qu'il n'en
résulte pas préjudice pour les Marchands!

§. XXXIV. Votre XXIX. §. est encore une
preuve de votre habileté à tourner mes paroles
pour avoir matière d'écrire, je dis, en parlant
des Passeports d'un Ennemi, „ par lesquels nos
Vaisseaux reconnoissent en certaine façon l'autorité des François & doivent être regardés
comme des Vaisseaux François plûtôt, que
des Hollandois". Ces mots reviennent-ils
à ce que vous me dites dans votre XXIX. §. ?
je dit, *que l'usage des passeports François nous*
rendoit sujets de la France? Que ne forgez-vous
dans votre tête, seulement pour barbouiller du
papier? Cependant pour dire un mot sur l'usage des passeports; croyez-vous, qu'un passager
avec des passeports François, ne seroit pas arrêté
dans les pays de Brandebourg, de Hanovre & autres pays en guerre ouverte avec la France?

I 3

Mais

Mais on s'eſt ſervi fort rarement de paſſeports
François, dites-vous, d'où on pourroit aiſément préſumer, qu'on peut naviger aux Isles
Françoiſes en Amérique ſans paſſeports François.
D'où vient donc Mr., que les François ont arrêté & déclaré de bonne priſe le Vaiſſeau *San-
der van Leeuſtadt, d'Amſterdam* à *St. Domingue*?
Pourquoi le Capitaine *Mathys* à la *Martinique*
a-t'-il perdu ſon Vaiſſeau? Pourquoi *Agilvie* &
Spurrier étant entré à la *Martinique* ſous prétexte de manque d'eau ou de quelque autre beſoin
ont-ils reçu ordre de ſortir, avec menace à l'un
d'eux qui *balançoit,* de le couler à fond s'il tar-
doit plus long-tems? &c. puiſqu'ils n'étoient
pas pourvûs des paſſeports néceſſaires.   Les paſſeports font une partie des revenus du Roi de
France, ceux qui n'ignorent pas cela douteront
s'il eſt ſi difficile d'en avoir, cette prétendue
difficulté a peut-être d'autres raiſons.

§. XXXV. Vous faites une courte récapitu-
lation dans le XXXI. §. juſqu'à la fin, de ce
que vous aviez ſoûtenu juſque là; comme j'en
ai déjà répondu, je ne le répéterai pas : je ne
puis cependant paſſer ce point ſous ſilence. Vos
dites de votre 2.me *Mémoire, où nous nous ſom-
mes appliqués à des raiſonnemens purs.* Je vous
demande, ſi quelqu'un, qui a la malice de rendre ſous un autre ſens les paroles d'autrui; en
lui attribuant des ſentimens qu'il n'a pas, en
décrie l'autre en lui donnant la dénomination

de Creature Angloise, comme un mauvais Pa-
riote, qui diffame sa propre Nation &c. Je
vous demande, s'il s'applique à des raisonnemens purs? Qu'en jugera-t-on? que vous ne
sçavez pas ce que c'est que raisonnement? Qu
que, sçachant ce que c'est, que raisonnement,
vous agissez de mauvaise foi, pour éblouir les
imprudens par une apparence de modération?
Pour moi, j'aime mieux suspendre mon jugement, que de vous accuser de quelque chose
de semblable, je répéte seulement, que vous
auriez mieux fait & pour vous & pour les Marchands, de vous taire.

Voici Mr. ce que j'ai cru vous devoir apprendre,
ceux qui, faute de connoissance des Affaires & de
jugement, veulent faire valoir leurs pensées en
raillant & disant des injures, lorsqu'il s'agit de
choses serieuses, ne méritent pas une réponse,
mais du mépris.

Réponse Succincte aux Réfléxions sur l'Antido-
tal Mémoire.

Auteur de *l'Antidotal Mémoire* dit :

Qu'une défense mauvaise d'une bonne cause
fait tort à la bonne cause, la preuve en est l'ex-
périence journalière.

Qu'on fait tort à la bonne cause en deman-
dant plus qu'on n'a à prétendre : cela est confir-
mé par l'expérience journalière.

I. *Que l'auteur de la NAVIGATION LI-*
BRE a

I 4

a) mal

a) *mal défendu la cause des Marchands;*
b) *prétend plus pour les Marchands qu'il ne leur appartient.* Le premier est demontré:

1.) par les expressions indécentes qui se trouvent dans la *Navigation libre.* *ib. & seq.*

2.) par ce, que les faits des Câpres & des Vaisseaux y sont brouillés ensemble *ib. §. V.*

3.) par la manière dont on s'y prend à expliquer les Traités.

a.) Les expressions indécentes étant imprimées, il n'est pas besoin de preuves *ib. §. IX. X.*

b.) que les faits des Câpres & des Vaisseaux de guerre ont été brouillés, cela est *in Confesso;* & il est visible qu'ils doivent être distingués les uns d'avec les autres avec 2. Mem. §. XVI.

1.) Les Vaisseaux de guerre sont au service de la Puissance même, les Câpres au service de particuliers:

Il suit de-là, que les excès des Vaisseaux de guerre sont à imputer à la Puissance, & ceux des Câpres aux particuliers:

2.) Les Câpres exercent des violences, que les Vaisseaux de guerre ne nous font pas.

Opposition.

I.) Les vaisseaux de guerre & les Capres nous font dommage les uns comme les autres, par conséquent on les comprend ensemble,
ibid. & seq.

II.) La

II.) La Puiffance doit employer les moyens pour brider les Capres: ce qu'elle ne fait pas. Ergo.

Reponfe.

1.) Pour comprendre des faits fous un même genre, il faut que les cas fe reffemblent. Les Vaiffeaux de guerre ne pillent pas &c, comme font les Capres. Ergo.

2.) Pour comprendre les auteurs fous un même genre, il faut qu'ils foient d'une même qualité par rapport aux faits, & qu'ils foient dans les mêmes obligations : il n'en eft pas ainfi des Vaiffeaux de guerre & des Câpres.

3.) Une Puiffance n'eft pas tenue à employer d'autres moyens, que ceux qui font conformes aux Conftitutions du pays. Et il n'eft pas démontré que l'Angleterre néglige cela. Ant. Mem. §. III. & feq.

L'auteur de la *Navigation libre* néglige en expliquant le Traité, tout ce qu'il faut obferver, fuivant l'avis de ceux qui ont écrit fur cette matière & à l'autorité desquels on en appelle §. VI. & §. XXIX.

Le deuxieme eft démontré:
par l'explication trop étendue que l'Auteur de la *Navigation libre* donne au Traité; ce qui paroît par les Régles de l'explication des Traités allégués dans *l'Antidotal Mémoire.* §. XII. & feq.

I 5   IV. Que

IV. Que pour se plaindre avec raison des Anglois, il faut prouver que la Nation elle-
même nous fait ces injustices.   *ibid. §. VI.*

Prétention. Nos vaisseaux sont enlevés, maltraités & déclarés de bonnes prises.

Question: Par où est-il prouvé?

Réponse: Les listes prouvent l'enlevement de
nos Vaisseaux, les déclarations & le
Traité en prouvent l'injustice; & les
sentences de l'Amirauté fournissent la
preuve des Confiscations.

Question. Pour juger de la justice ou de l'inju-
justice, ne faut-il pas sçavoir

    1.) Comment le Traité doit être
    entendu?

    2.) La situation des choses, qui font
    l'objet des plaintes?

    3.) Ce qu'y opposent les Anglois?

Réponse: Oui.

Conclusion: Les *deux Mémoires* ne satisfont pas
à cela: Car

    1.) Ils donnent une explication per-
    verse au Traité.   *ibid. §. XI.*

    2.) ils ne nous montrent pas l'état
    des choses, qui font l'objet des
    plaintes.   *ibid. §. VIII seq.*

    3.) ils ne nous montrent pas ce que
    les Anglois y opposent.

V. Que l'auteur des *deux Mémoires* explique
faussement le Traité. Cela est prouvé *ib. §. XX.*

                   1.) Par

1.) Par les mots du Traité. *ib. §. XII.*
2.) Par les vûes & le deſſein des Contractans. *ib. §. XXI. ſeq.*
3.) Par les mots & les vûes pris enſemble.

VI. Qu'en donnant un ſens plus étendu au Traité, qu'il ne convient, on donne occaſion aux offenſes dont nous nous plaignons. Car ſi nous nous imaginons avoir plus de liberté qu'on ne nous a accordé, & que nous agiſſions conformément à nos idées, nous trouverons de l'oppoſition ibid. §. XXVI. ou au moins nous pouvons nous y attendre, & XXVIII.

VII. Que la manière dont les Mémoires ſont conçûs ne s'accorde pas avec la prévoyance ni avec les devoirs d'une Nation envers l'autre, ni avec la modeſtie qui doit toûjours être obſervée. *ibid. §. II. & ſeq.*

Le Recueil des Piéces traduites du Hollandois, concernant les Diſſentions entre l'Angleterre & la Hollande, ſe trouvant achevé par l'écrit précédent, & ne voulant rien obmettre de ce qui peut rendre les Mémoires de notre Tems complets, nous avons joint cette Piéce intéreſſante, pour la connoiſſance de l'Affaire de Portugal, dont les Jeſuites ſont devenus la victime.

ANEC.

ANECDOTES SUR L'AFFAIRE DU PARAGUAY, TRADUITES DE L'ITALIEN.

L'Angleterre se voyoit chargée de dettes qui alloient à bien des millions * sterlins, & craignoit que tôt ou tard l'Espagne ne joignît ses forces à celles de la France, pour reprendre Gibraltar & d'autres Domaines qui lui ont été enlevés en Amérique. Pour profiter du tems que les Espagnols employoient à délibérer sur le parti qu'il y avoit à prendre dans les conjonctures où se trouvoit l'Europe, les Anglois songèrent à prévenir le tort que la guerre avec l'Espagne, si elle venoit à s'allumer, pourroit faire à leur commerce & aux Colonies qu'ils ont en Amérique. Leur plan étoit tel que s'il leur réussissoit, il les mettoit en état, non-seulement de soutenir la guerre avec vigueur, mais encore de faire des établissemens solides dans l'Amérique méridionale, & même de payer les dettes de la Nation par l'accroissement de leur commerce, qui commençoit à diminuer.

Ce-

---

* *Si l'on veut avoir une idée de l'état où étoient les finances de la Grande-Bretagne au commencement de cette dernière guerre, qu'on lise la Vérité révelée, ouvrage de Milord CHESTERFIELD, où regne une bonne ironie.*

Cependant l'Angleterre ne pouvant agir directement dans le système qu'elle avoit formé, fut obligée d'avoir recours au Portugal. Je vais opposer les circonstances dont les Anglois profitèrent pour parvenir à leur but.

A l'Embouchure de la Plata * il y a la colonie du Saint Sacrement qui appartient aux Portugais. C'est à la faveur de ce poste que se font toutes les contrebandes dans cette partie de l'Amérique méridionale, ce qui porte un préjudice considérable aux finances du Roi d'Espagne & cause souvent de la mésintelligence entre les Espagnols & les Portugais.

Pour ôter toute occasion de mécontentement, & cimenter l'union de ces deux Puissances, les Anglois dès l'année 1749. engagèrent le Roi de Portugal à proposer à Sa Majesté Catholique de céder la dite Colonie du Saint Sacrement à l'Espagne, à condition que celle-ci céderoit au Portugal quelques-unes des Colonies qui confinent avec le Brésil, outre un canton en Espagne, qui pût suffisamment dédommager Sa Majesté Très-Fidele du sacrifice qu'elle vouloit bien faire pour conserver la paix entre les deux Couronnes.

Avant

----

* *Le Rio de la plata, ou Fleuve d'argent, que les naturels du pays nomment Paranaguazu, naît du Lac de Los Xarayés dans la Province de Paraguai, qu'il arrose & partage en deux, d'où il va se jetter dans la mer du Brésil.*

Avant que de faire cette propofition au Roi Catholique, on avoit difpofé fon Confeil à y donner la main; & les Miniftres de Portugal & d'Angleterre y avoient travaillé à Madrid de concert avec la Reine *.   On entama une négociation dans laquelle les Portugais firent beaucoup valoir les avantages que l'Efpagne pouvoit tirer de la Colonie du Saint Sacrement, & demandèrent en échange fept Colonies fituées fur la rive feptentrionale de la Plata aux confins du Bréfil, & de plus la Province de Tuy dans le Royaume de Galice fur les frontieres de Portugal.

Le Roi d'Efpagne pour s'affûrer fi les avantages qu'on lui promettoit pouvoient entrer en

pa-

---

* On ne doit pas avoir de peine à fe perfuader que feue la Reine d'Efpagne ait eu plus à cœur les intérêts du Roi de Portugal fon frere, que ceux d'une Nation à laquelle elle ne tenoit que par les liens d'un mariage fans fruit.   Les fentiments de jaloufie qui ont long-tems fubfifté entre les deux Couronnes, n'étoient pas entierement éteints dans l'ame de cette Princeffe.   Des papiers qu'elle avoit confié à une Religieufe pour les brûler après fa mort, & qu'un fcrupule lui a fait remettre, ont dû dévoiler beaucoup de myfteres qui feront un jour révelés.   N'anticipons pas, par une curiofité indifcrete, fur des connoiffances dont l'heure n'eft pas encore venue.

parallele avec la ceſſion qu'on lui demandoit, envoya ordre au Gouverneur de Montévédo, ſitué ſur la partie ſeptentrionale de la rivière, de prendre des informations & de donner ſon avis ſur cette affaire. Le Gouverneur reçut en même tems des lettres très-preſſantes des parti-ſans de la Cour de Portugal, qui lui promet-toient d'avancer ſa fortune, s'il donnoit un avis qui leur fût favorable. Il ſe laiſſa gagner, & préférant ſon intérêt à celui du Roi & de l'Etat, il informa au gré de la Reine & des Portugais.

Sur ces informations, on envoya le Marquis de Valdé Lyrios avec des Ingénieurs, pour effe-ctuer l'échange propoſé & marquer les limites. On enjoignit en même tems au Gouverneur de Buénos Ayrés de prêter la main pour cette ex-pédition; mais celui-ci ayant été informé par le Marquis de Valdé Lyrios de la commiſſion qu'il avoit, ſoutint qu'elle avoit été donnée par ſur-priſe, qu'elle étoit contraire à l'honneur de la Couronne, aux intérêts du Roi & de l'Etat, & s'oppoſa fortement à l'éxécution.

Les Jéſuites ſe joignirent à lui, & porterent leurs plaintes à leur Provincial, qui, ſans être bien au fait du Paraguay, & ſans avoir pris l'a-vis des Conſulteurs de ſa Province, avoit appuyé les informations du Gouverneur de Montévédo, ce que l'on ne découvrit qu'à l'arrivée du Mar-quis de Valdé Lyrios au Paraguay.

Ces

Ces Peres assemblèrent la Congrégation Provinciale, & résolurent d'une voix unanime de représenter à Sa Majesté Catholique combien il étoit dangereux & préjudiciable de céder la Province de Tuy en Galice avec sept Colonies en Amérique pour la seule Colonie du Saint Sacrement : que cette cession alloit non - seulement introduire les Portugais jusques dans le centre de l'Amérique méridionale, mais qu'elle ôteroit encore à l'Espagne plus de trente mille sujets des montagnes voisines de la Plata, parce que ces gens-là n'ayant ni terres labourables ni pâturages, que dans les plaines qu'on vouloit céder aux Portugais, ils seroient bientôt réduits à passer sous leur domination.

(X.)

MEMOIRES
POUR SERVIR 'A
L'HISTOIRE
DE NOTRE TEMS,
DISSENTIONS ANGLOISES.

(X.)

SUITE DES ANECDOTES SUR L'AFFAIRE
DU PARAGUAY, TRADUITES
DE L'ITALIEN.

On ajoutoit que la rive septentriona-le de la Plata étoit couverte d'ar-bres propres à la construction des Vaisseaux, que par ce moyen, il seroit aisé aux Portugais & aux Anglois, leurs amis, de construire une flote sur la rivière, de pénétrer dans l'intérieur du Paraguay jusqu'à sept lieues de Potosi * & de s'emparer des mines d'or, où il étoit évident que tendoit le projet des Portugais. On ne manqua pas d'observer aussi

---

* Il est juste de remarquer, à l'honneur des peuples du Paraguai, qu'étant si à portée des Mi-

nes

auſſi, quel tort pourroit faire à l'Eſpagne la ceſſion d'une Province limitrophe au Portugal telle que celle de Tuy. Le Mémoire des Jéſuites
fut ſigné de tous les Conſulteurs de la Province, & envoyé à Madrid au Procureur Général
de la Province, qui le préſenta au Roi dans le
tems qu'il tenoit ſon Conſeil.

Pendant ce tems là on vit arriver ſur les fron-
tières du Bréſil des Ingénieurs Anglois & des
Commiſſaires Portugais, qui venoient pour
convenir des limites avec le Marquis de Valdé
Lyrios, & faire la démarcation ſelon ce nouveau plan. Le bruit ne s'en fut pas plûtôt répandu dans les ſept Colonies qui devoient paſſer ſous la domination de Portugal, que preſ-
que tous les principaux Caciques s'aſſemblèrent
dans la Colonie de Saint Nicolas, qui eſt preſ-
que dans le centre des autres. Là ils réſolurent
entre eux * de prendre les armes & de s'oppoſer
aux Portugais, ſi ceux-ci entreprenoient de les
for-

____

nes de Potoſi, le Roi d'Eſpagne ne s'eſt jamais
plaint qu'ils aient rien entrepris ſur ces tréſors,
ce qui ſuppoſe beaucoup de déſintéreſſement de
leur part, & nulle convoitiſe pour les richeſſes,
en quoi ces Peuplades reſſemblent davantage à
Lacédémone chrétienne.

** On ſe perſuadera avec peine que ces diffé-*
rentes peuplades raſſemblées ſe ſoient déterminée
en

forcer, & ils dreſſèrent de très-humbles Remontrances au Roi, qu'ils envoyèrent au Gou-

K 2   ver-

entr'elles ſans l'avis, ou même l'inſpiration des
Jéſuites, à prendre les armes pour s'oppoſer à
l'invaſion des Portugais; ce ſeroit donc perdre ſon
tems, que de l'employer à tâcher de déſabuſer là-
deſſus les perſonnes prévenues contre ces Pères, il
vaut bien mieux leur accorder ce point qui dans
le fond honore les nouveaux Legislateurs de ces
anciens Sauvages. Long-tems après la conquête
du nouveau Monde, ces Peuples épouvantés des
terribles effets de l'artillerie Eſpagnole, & croyant
en entendre encore le bruit, vivoient cachés dans
les forêts, les Jéſuites les en retirèrent à certaines conditions qui ſont devenues la baſe de leur
République, & la ſource du bonheur dont ils jouiſ-
ſoient. Ceux qui voudroient qu'on reſpectât juſqu'au prétexte les Loix fondamentales, ſont trop
juſtes pour voir avec indifférence le violement de
celles du peuple du Paraguai, & conſéquemment
ils ne pourront qu'applaudir aux conſeils & aux
moyens que les Jéſuites auront pû leur ſuggerer
pour ſe maintenir ſous la douce domination du Roi
d'Eſpagne. En vain diroit-on qu'il faut obéir,
la réſiſtance eſt honnête quand elle prend ſon principe dans un véritable amour du ſujet pour
ſon Souverain, elle eſt légitime quand elle tire ſes
droits d'une convention certaine & connue. Les

peu-

verneur de Buénos Ayrés.   Ils y rappelloient le souvenir des importans services qu'ils avoient rendus à l'Espagne dans la dernière guerre qu'elle

---

peuples du Paraguai n'appartenoient à personne, ils se sont donnés au Roi d'Espagne, mais ils ne lui ont pas concedé le pouvoir de les donner à un autre maître; ils ont donc pû s'opposer à l'échange, & leurs conseils ont dû non-seulement les éclairer sur leurs droits, mais encore les fortifier dans le dessein de les conserver: or que ces droits soient incontestables, *Du Moulin* l'a décidé dans une hypothèse bien moins favorable, quand il a dit, a) vasallagium invito suo vasallo Rex Franciæ transferre in alium minorem aut majorem non potest, quantumvis ratione pacis obtinendæ. „ *Le Roi de France ne peut pas faire passer son*
„ *Vassal, sans son consentement exprès, sous la*
„ *domination d'un autre Seigneur, soit qu'il soit*
„ *moindre, ou plus grand que lui même, quand*
„ *bien ce seroit dans la vue d'obtenir ou de ci-*
„ *menter une paix* ".   *A quoi le même Auteur ajoute b*: Et hæc tanto fortius procedunt quanto patronus est major & dignior, quia interest sub-

a) VAILLANT. Note sur Du Moul. *in verbo perer*. Gloss. 1. Art. 26.

b) ART. 28.

le eût à soutenir contre l'Angleterre, & ils pro-
testoient hautement contre le Traité qui devoit
les faire passer sous la domination des Portugais
leurs plus cruels ennemis. De-là ils passèrent
au nombre de plus de quinze mille hommes sur
la frontière du Bréfil, & forcèrent les Com-
missaires Portugais avec les Ingénieurs Anglois
de se retirer. Voilà ce qui a donné lieu à la
fable qui a fait tant de bruit en Europe, que
les Sauvages avoient élu pour Roi un certain
Nicolas *.

---

subditorum non mutare dóminum, unde non
possunt alienari in inferiorem. *Ainsi, quand
les Jésuites auroient la plus grande part à la ré-
sistance des Peuplades, on ne sçauroit sans injustice
leur en faire un crime, ni même un reproche.*

*Il semble que les François sont tombés dans
l'enfance, tant il se plaisent à entendre raconter
des fables. Celle de Nicolas I. a trouvé des
croyans, même parmi ceux de nous qui ne croyent
rien, elle étoit pourtant dénuée de toute vraisem-
blance; ceux qui l'ont inventée, auroient dû au
moins supposer que les Jésuites avoient placé la
Couronne sur la tête d'un de leurs gros Bonnets;
rien ne s'y opposoit; ils sont les maîtres de l'esprit
& du cœur des peuples du Paraguay; ils sont,
dit-on, dans la possession de les dresser & de les
con-*

Le Roi d'Espagne ayant examiné dans son Conseil le Mémoire des Jésuites, fut bien surpris de voir de ses propres yeux combien l'échange qu'on avoit réglé avec le Portugal lui étoit préjudiciable; mais les Ministres gagnés par la Reine, qui favorisoit le Roi son frère, firent disparoître aux yeux du Roi les raisons des Jésuites, & le portèrent à mettre la dernière main au Traité, qu'ils lui faisoient envisager comme avantageux & même nécessaire pour conserver la paix & l'union entre les deux Couronnes.

Jusques-là tout avoit été conduit avec beaucoup de secret entre les Ministres de Portugal & d'Angleterre. Mais le Marquis de l'Encenada,

---

conduire au combat. La Souveraine Sacrificature n'est pas incompatible avec le Souverain Empire; ils eussent pû en rapporter des exemples anciens & modernes, ou même en imaginer que ces bonnes gens n'auroient pas osé révoquer en doute, pourquoi donc les croire assez sots pour avoir preferé un Frère Laïc à un Père Profès? ils ne gagnoient rien du côté de l'entreprise, ils pouvoient tout perdre du côté du succès. Etoit-ce pour se ménager la ressource d'un désaveu? Les personnes prevenues contre eux ne les auroient pas plus crus sur leur parole, que lorsqu'ils protestent tous les jours contre des ouvrages dont ils sont trop les victimes pour en être les approbateurs.
Etoit

da, qui avoit d'ailleurs une parfaite connoiffan-
ce de l'Amérique, fut frappé des raifons des Jéfuites, & du préjudice que l'échange portoit au
Roi fon Maître. Il fit néanmoins femblant
d'être de l'avis des autres Miniftres, auxquels il
ne vouloit pas s'oppofer lui feul ; mais pour
empêcher la conclufion du Traité, il envoya
chercher le Secrétaire de l'Ambaffade de Naples,
& lui dit de prier de fa part le Prince Hyacis,
Ambaffadeur du Roi des deux Siciles, de tenir
un Courier tout prêt avec les paffeports néceffaires pour aller à Naples avec la plus grande
diligence. Dès que le Marquis de l'Encenada
fut averti que le Courier étoit prêt à partir, il
remit au Secrétaire une lettre pour le Roi des

K 4

deux

Etoit-ce pour régner plus defpotiquement fous l'au-
torité d'un homme foible & dépendant ? Ils n'a-
voient que faire de cette précaution ; ceux devant
qui, fi on en croit leurs ennemis, les Thrônes
s'abaiffent, les Dominations reculent, les Puif-
fances tremblent, auroient bien fçu contenir leur
nouveau Roi. Quel pouvoit donc être l'intérêt qui
eût fait tomber leur choix fur un pauvre Frère
Laïc ? On donne aux Jéfuites la malice de tous
les diables, & on leur refufe le fens d'un oifon.
Si on vouloit enlever toute croyance aux chofes
qu'on raconte de ces Peres, on ne pourroit pas
mieux s'y prendre. Eh ! qui fçait s'ils n'ont pas

la

deux Siciles, auquel il donnoit avis de toutes les conditions du Traité. Il en fit sentir tous les inconvéniens & tout le préjudice qui en résulteroit pour la Monarchie d'Espagne. En conséquence, il le prioit d'envoyer un ordre à son Ambassadeur en Espagne, de faire une protestation solemnelle contre le Traité, comme défectueux & contraire aux intérêts, du Roi Catholique & du Roi des deux Siciles, héritier présomptif de la Couronne d'Espagne.

Le Roi des deux Siciles ne manqua pas de faire ses protestations auprès du Roi son frère par le Prince Hyacis; ce qui parut si extraordinaire à la Reine & à tous ceux qui étoient dévoués aux intérêts du Portugal, qu'ils se mirent à crier tout haut qu'il y avoit dans le Conseil du

---

la politique de soudoyer quelqu'un pour écrire toutes les rapsodies qui paroissent journellement contr'eux? On ne comprend pas, en effet, s'ils ont le credit qu'on leur suppose, comment on a permis que nous fussions inondés de ces libelles, à moins qu'on n'ait voulu les mettre dans les mains des François, comme on met des hochets dans celles des enfans; encore eût il fallu observer que ces joujoux ne pussent pas blesser la nourrice. Quoiqu'il en soit, le Roman de la Royauté de Nicolas I. est calque sur celui de la succession d'Ambroise Guys, & le Frère Laïc devenu Roi, n'est que le puiné du Jardinier transformé en Notaire.

du Roi un traître qui avoit trahi le secret. Après bien des perquisitions, le soupçon tomba sur le Marquis de l'Encenada, & la chose ayant été constatée, sa disgrace suivit de près, comme tout le monde sçait. C'est ainsi que le Traité d'échange entre les Rois d'Espagne & de Portugal demeura supprimé au grand regret des Anglois, qui virent disparoître leur espérance lorsqu'ils y pensoient le moins.

On avoit proposé en Angleterre dès l'année 1753. de naturaliser les Juifs, moyennant plusieurs millions sterlings qu'ils s'offroient de payer. C'étoit pour diminuer les dépenses de la Nation, qui avoient été considérablement augmentées pendant la dernière guerre. En effet, au mois de Juin 1753, le Roi donna son consentement à cette Naturalisation, & les Juifs payèrent la dite somme. Le peuple de Londres se mit à murmurer contre cet expédient, & le Parlement, dans la crainte d'un soulèvement, supprima l'Arrêt. Ainsi les Juifs se trouvèrent sans Arrêt & sans argent.

Le Parlement pour les dédommager d'une somme si considérable, qu'il se garda bien de rendre, fit proposer au Roi de Portugal de permettre aux Juifs, dans ses Etats, l'exercice libre de leur Religion, & de faire cesser la rigueur des peines auxquels ils étoient exposés, quand ils étoient découverts, on alléguoit l'ex-

em-

emple du Souverain Pontife qui les fouffroit dans l'Etat Eccléfiaftique, & même à Rome, où ils avoient des Synagogues. On faifoit auffi voir les avantages qui pourroient réfulter de cette tolérance. Les Juifs, difoit-on, entre-tiennent un commerce continuel dans toutes les parties du monde. Lisbonne, par fa fitua-tion, fe trouve prefque au centre du commer-ce des quatre parties du monde; & fi les Juifs, malgré les fupplices dont ils font menacés, ne laiffent pas d'y accourir en très-grand nombre, & d'enrichir cette Capitale par le commerce, s'ils y étoient en fûreté, ils pourroient y attirer celui de toutes les Nations de la terre.

Le Roi de Portugal communiqua cette affai-re à fon Confeffeur, qui prit la liberté de lui repréfenter que, malgré tous les fupplices on découvroit tous les jours, non feulement à Lis-bonne, mais encore dans l'intérieur du Royau-me, des Juifs fans nombre, des familles entiè-res qui, depuis bien des années, & même de-puis plufieurs fiécles, paffoient pour être de la Religion Chrétienne : que fi on leur accordoit l'éxercice libre de leur Religion, on en découvri-roit encore un nombre fi prodigieux, que le Portugal en feroit inondé ; que le Souverain lui-même feroit moins regardé comme un Mo-narque Chrétien, que comme Roi des Juifs ; qu'il feroit dangereux d'en faire l'épreuve : qu'il valoit beaucoup mieux, pour la tranquillité de
l'Etat,

l'Etat, leur laisser ignorer à eux-mêmes leur nombre excessif, & que c'étoit une nécessité de laisser les choses sur l'ancien pied, si on ne vouloit voir la Religion en proye, & le Judaïsme dominant dans tout le Royaume.

Le Roi ne goûta pas les raisons de son Confesseur, soit qu'il eût envie de faire plaisir aux Anglois, soit qu'il ne voulut pas rejetter les offres des Juifs, qui lui promettoient de rétablir la Ville de Lisbonne, & de la rendre plus belle & plus magnifique, qu'elle n'étoit auparavant. La crainte néanmoins d'un soulévement empêcha le Roi de passer outre, & il se réserva de délibérer là-dessus plus mûrement. Mais pendant qu'il délibéroit, l'affaire fut ébruitée par quelques Marchands Anglois, établis en Portugal, & on assura que S. M. T. F. alloit accorder aux Juifs un établissement à Lisbonne. Le peuple & le Clergé en murmurèrent, & les plaintes vinrent jusqu'aux oreilles du Roi, qui crut les Jésuites Auteurs de ces murmures, & leur laissa entrevoir quelque mécontentement.

Ces Dispositions du Roi, à leur égard, sembloient autoriser leurs ennemis à les attaquer, & on vit bientôt la Ville inondée d'invectives & de Libelles contre les Jésuites. Entr'autres crimes, on attribua à ceux de Portugal d'avoir agi de concert avec ceux du Paraguay, pour empêcher l'éxécution du Traité d'échange, fait avec l'Espagne, d'avoir excité les peuples du

Pa-

Paraguay à prendre les armes, & à se donner, pour Roi, un de leurs Frères Lais, sous le nom de Nicolas Premier.

Tous ces contes ridicules, & dignes du mépris des personnes de bon sens, étoient soutenus & répandus par les Anglois. Ils étoient irrités contre les Jésuites du Paraguay, dont le Mémoire présenté à la Cour d'Espagne, n'avoit pas peu contribué à faire anéantir le Traité d'échange; & ils firent d'autant plus d'effort pour les anéantir eux-mêmes en Portugal, qu'ils prévoyoient bien que le zéle de ces Pères les porteroit à s'opposer de toute leur force au Contrat de Mariage, qu'on méditoit entre le Duc de Cumberland & la Princesse du Brésil.

Dès que la Cour de Londres en eût fait la proposition au Roi de Portugal, ce Monarque voulut encore avoir là-dessus l'avis de son Confesseur. Ce Père prévoyant les suites que pourroit avoir cette alliance, au préjudice de la Religion Catholique, & même de Dom Pedro, si le droit de succéder à la Couronne étoit transporté au Duc de Cumberland, n'hésita pas à déclarer son sentiment.

Il fit voir le danger auquel on exposoit la Religion Catholique, si l'on faisoit épouser à la Princesse du Brésil un Prince élevé, & nourri dans une Secte ennemie de l'Eglise Romaine : que ce Prince dès qu'il seroit dans le Royaume, ne manqueroit pas d'y attirer un grand nombre
d'Hé-

d'Hérétiques, auxquels par condescendance
pour le Prince, on ne pourroit refuser le libre
exercice de leur Religion : que c'étoit d'ailleurs
une injustice évidente, d'ôter à l'Infant Dom
Pedro la succession à la Couronne, au-lieu de
le mettre en état de conserver le nom & de donner des Héritiers mâles à la Maison de Bragan-
ce : que c'étoit sa conscience qui le faisoit parler de la sorte, & puisque S. M. lui faisoit l'honneur de demander son avis, il ne voyoit point
de parti plus convenable à prendre, que de faire épouser à Dom Pedro la Princesse du Brésil :
que c'étoit-là le moyen de rendre justice à son
sang, de perpétuer la Famille Royale, d'empêcher
que le Trône ne passâ à un Prince étranger, d'as-
surer la tranquillité du Royaume, & de maintenir la Religion dans sa pureté.

Ces raisons du Confesseur n'eurent pas le bonheur de plaire. Le Roi les prit dans un sens
bien différent, & prévenu par les mauvaises im-
pressions, qu'on n'avoit pas manqué de lui donner contre les Jésuites, il crut que ces Pères
étoient déterminés à s'opposer à toutes ses vo-
lontés. Il congédia son Confesseur avec tous
ceux de la même Compagnie qui étoient à sa
Cour : il chercha tous les prétextes : il employa
tous les moyens pour abbaisser & renverser la
Société, jusques là qu'il eût même recours à
l'Autorité du S. Siége, pour faire sentir tout le
poids de son indignation.

L'op-

L'opposition que fit le Roi d'Espagne au Mariage de la Princesse du Brésil, avec le Duc de Cumberland, aigrit de plus en plus l'esprit du Roi de Portugal contre les Jésuites, auxquels il l'attribua.

L'Angleterre avoit équipé une Flote, & fit courir le bruit que c'étoit pour une expédition secrete. La vérité est que la Flotte devoit porter le Duc de Cumberland en Portugal pour épouser la Princesse du Brésil. Lorsque tout fût prêt, le Roi d'Espagne * fit entendre à la Cour de Londres, que si le Duc de Cumberland montoit sa Flote, il se joindroit à la France, & feroit marcher ses troupes en Portugal.

Les

---

* *Une Cour qu'on ne nomme pas par respect, se livrant sans reserve aux avis de son Ministre, apprehendant pour ses propres possessions, fit naître des inquietudes au Roi d'Espagne touchant l'expédition secrete des Anglois ; ce Prince qui ne cherchoit qu'à pénétrer leur dessein, apprit par les intelligences qu'il a à la Cour de Londres, que le mariage du Duc de Cumberland avec l'héritiere de Portugal, étoit l'objet de l'embarquement ; & comme les suites d'une pareille alliance eussent pû devenir beaucoup plus funestes à la Monarchie Espagnole, qu'une simple entreprise sur ses voisins dans le nouveau Monde, le Roi d'Espagne y opposa les représentations & les menaces.*

Les Anglois pour ne pas s'attirer de nouveaux ennemis sur les bras, & renoncer aux avantages qu'ils retirent de leur commerce avec l'Espagne, se désistèrent de leur entreprise; le Duc de Cumberland ne sortit point d'Angleterre, & les Anglois pour se dédommager en quelque façon des frais d'un si grand armement, allèrent tomber sur les Côtes * de la Guyenne, avec le succès que tout le monde sçait.

L'Achar

* On voit par ce *Mémoire*, dont les personnes instruites reconnoîtront sans peine la main, qui a été d'abord écrit en Espagnol, puis traduit en Italien, & imprimé à Naples, ensuite en Latin, & aujourd'hui en François, que si la Couronne d'Espagne, & par contre-coup celles de France, d'Autriche & de Naples ont quelque obligation aux Jésuites, les habitans de l'Isle d'Aix ne leur en ont aucune, puisqu'en s'opposant à l'échange, ils ont fait tourner les vûes des Anglois du côté d'un mariage dont les préparatifs n'ont servi qu'à ruiner cette petite Isle: voilà un grief de plus contre les Jésuites; comment a-voit-il échappé à ceux qui en font le Recueil? il faut donc que ces habitans, s'ils sont bien avisés, se pourvoient de bonne heure en indemnité, & fassent arrêt sur les biens de la Société, pour être payés des dommages qu'ils ont soufferts, quand on la bannira du Royaume. L'Auteur de l'Arrêt d'Ambroise Guys ne les auroit pas mieux conseillé, ni plus gratuitement.

L'acharnement contre les Jéfuites de Portugal augmentoit de jour en jour, lorfqu'arriva l'éxécrable Attentat, commis contre la Perfonne facrée du Roi. Mais les Relations qu'on en a reçues font fi différentes, & la haine aveugle contre les Jéfuites a tellement obfcurci certains faits, qu'on n'en peut encore rien dire de fûr, & qu'il eft néceffaire d'attendre que le temps, le calme des paffions & l'équité, ayent diffippé les ténébres dont tout le monde eft enveloppé, s'il ne vaut mieux que tout y demeure enféveli jufqu'au grand jour du Jugement.

F I N.